VAMOS BRINCAR

Dados Internacionais de Catalogação na Publicação (CIP)
(Câmara Brasileira do Livro, SP, Brasil)

Silva, Tiago Aquino da Costa e
  Vamos brincar : dinâmicas e jogos para potencializar a aprendizagem / Tiago Aquino da Costa e Silva, Cristiano dos Santos Araújo. – Petrópolis, RJ : Vozes, 2019.

  Bibliografia
  ISBN 978-85-326-6002-2

  1. Aprendizagem 2. Atividades lúdicas 3. Brincadeiras 4. Dinâmica de grupo 5. Educação de crianças 6. Jogos educativos I. Araújo, Cristiano dos Santos. II. Título.

18-22101   CDD-371.337

Índices para catálogo sistemático:
1. Dinâmicas e jogos : Atividades lúdicas : Educação
371.337

Maria Paula C. Riyuzo – Bibliotecária – CRB-8/7639

TIAGO AQUINO DA COSTA E SILVA
CRISTIANO DOS SANTOS ARAÚJO

VAMOS BRINCAR

DINÂMICAS E JOGOS PARA POTENCIALIZAR A APRENDIZAGEM

EDITORA VOZES

Petrópolis

© 2019, Editora Vozes Ltda.
Rua Frei Luís, 100
25689-900 Petrópolis, RJ
www.vozes.com.br
Brasil

Todos os direitos reservados. Nenhuma parte desta obra poderá ser reproduzida ou transmitida por qualquer forma e/ou quaisquer meios (eletrônico ou mecânico, incluindo fotocópia e gravação) ou arquivada em qualquer sistema ou banco de dados sem permissão escrita da editora.

CONSELHO EDITORIAL

Diretor
Gilberto Gonçalves Garcia

Editores
Aline dos Santos Carneiro
Edrian Josué Pasini
Marilac Loraine Oleniki
Welder Lancieri Marchini

Conselheiros
Francisco Morás
Ludovico Garmus
Teobaldo Heidemann
Volney J. Berkenbrock

Secretário executivo
João Batista Kreuch

Editoração: Ana Lucia Q.M. Carvalho
Diagramação: Sheilandre Desenv. Gráfico
Revisão gráfica: Alessandra Karl
Capa: Renan Rivero
Ilustrações de miolo e capa: Marcelo Gagliano

ISBN 978-85-326-6002-2

Editado conforme o novo acordo ortográfico.

Este livro foi composto e impresso pela Editora Vozes Ltda.

Dedico esta obra às minhas maiores inspirações lúdicas – as crianças. E nomeio minha esposa Mérie e irmã Marília a representarem todos os educadores brilhantes que labutam arduamente na valorização das brincadeiras e jogos. A todos, a minha reverência! À nossa filha Maria Flor, gratidão por apresentar a nós o amor incondicional. E ao amigo Cristiano, por essa brilhante aventura!

Tiago Aquino da Costa e Silva (Paçoca)

Dedico esta obra à minha grande parceira no jogo da vida, Bruna Simões, com quem partilho todas as minhas dúvidas, e agradeço por sempre me dizer "vamos em frente" e "estamos juntos". A meus filhos Maria Luiza e Benicio, que sempre me motivam na busca de uma sociedade mais lúdica.

A meu pai, Vicente Braz, e minhas irmãs, Cristina, Patrícia e Camila, com quem dividi vários momentos únicos nas ruas e no quintal de nossa casa, ao entramos no mundo da fantasia propiciado pela ludicidade.

A Roselene Crepaldi, uma grande inspiração e motivadora de minhas pesquisas, obrigado por não me deixar desistir de escrever.

À minha estrela guia, o primeiro olhar de carinho que me recebeu neste mundo, minha mãe Maria do Socorro, que sempre se dedicou para que eu vivesse minha infância em sua plenitude. Todas as histórias, brincadeiras e jogos que aprendi estão tatuados em minha história, e hoje consigo transpor para esta obra. A cada passo que dou levo você comigo, esta conquista é nossa.

E a meu grande amigo Tiago Aquino (Paçoca), que ao ouvir minhas inquietações, demos início a esta grande aventura. Gratidão!

E por fim, a todos os meus alunos que me recebem sempre com carinho. Cada gesto de afeto me renova na busca de uma sociedade onde a infância possa ser vivida intensamente.

Cristiano dos Santos Araújo

Cada criança é uma estrela

Cristiano dos Santos Araújo

Cada um é um ser único,

Com suas particularidades, suas vontades, suas especialidades.

Que sejamos libertadores de infâncias aprisionadas,

Que façamos valer a pena,

Para cada um que passar em nossa jornada,

E que consigamos enxergar em cada rosto

Sua alegria, sua dor, seu grito de agonia.

Que ao levantarmos a cada manhã lembremo-nos de encher nossas mochilas de amor.

E é por esse único ser chamado criança

Que escolhemos nos dedicar e viver.

Que em nossas mãos possa voar e alcançar o céu,

Que é o seu lugar.

Cada criança é uma estrela.

Cabe a nós educadores fazê-la brilhar.

PREFÁCIO

Este livro é uma grande oportunidade para profissionais de educação, lazer e recreação tomarem contato com o brincar que acontece do ponto de vista de dois profissionais brilhantes que mais do que falar sobre o brincar, vivem e promovem essa atividade tão relevante para as crianças e adultos.

Tiago e Cris são profissionais competentes e apaixonados pelo que fazem, e tenho por eles profunda admiração e afeto.

Neste livro, eles começam conversando sobre conceitos relevantes do brincar, inovam e provocam os leitores a refletir quando trazem a opinião das crianças sobre o tema, esclarecem as características das faixas etárias, e como o brincar pode contribuir para a aprendizagem das crianças, inclusive dando dicas preciosas para a conduta dos educadores para incentivar e superar obstáculos durante os momentos de brincadeiras.

O livro traz ainda uma valiosa quantidade de sugestões de jogos e brincadeiras com detalhamento sobre materiais, objetivos e características de jogos e brincadeiras, que certamente ampliará o repertório lúdico de todos os leitores.

Da minha parte fica o agradecimento e a certeza de que a leitura desta obra é uma agradável brincadeira. Vamos Brincar!

Profa.-Dra. Roselene Crepaldi
Graduada em Pedagogia – USJT
Mestre e doutora pela Faculdade de Educação da
Universidade de São Paulo – USP.

APRESENTAÇÃO

E aí, vamos brincar? A obra nasce da nossa inquietação em apresentar caminhos para uma educação mais lúdica e que possa priorizar as experiências significativas para o desenvolvimento daquele que brinca, não importa a faixa etária, podem ser crianças, adolescentes, adultos e idosos.

Observando aulas em escolas e práticas recreativas em brincadeiras e jogos, notamos um distanciamento da efetividade e assertividade do brincar no mundo da criança... tudo bem, não podemos descartar a importância do brincar livre e todo o cenário contagiante que é elaborado para que isso aconteça com saberes e sabores lúdicos; entretanto, se utilizarmos como meio educacional, devemos mapear e olhar as condições assertivas de aplicação, como diagnosticar os valores e competências ofertadas por meio desta prática.

Este livro não pretende (e não pode!) finalizar as discussões acerca dos conceitos propriamente ditos – brincadeiras e jogos, e sim, apresentar reflexões e sacadas sobre as respectivas experiências lúdicas. Delimitar conceitos seria uma grande indelicadeza da nossa parte.

Educadores brilhantes, eles existem? Sim! Somos contagiados diariamente por grandes inspirações e acreditamos que são transformadoras na vida das crianças e adolescentes. Educadores são aqueles que atuam diretamente na educação formal (sistemas educacionais que acontecem nas escolas), bem como na educação não formal (sistemas de animação e educação em lugares fora da escola); e sobre ser brilhante? Assim como um diamante, educadores brilhantes são raros, resilientes e podem ser lapidados saindo de uma pedra preciosa bruta para algo com valor inestimável.

Seja brilhante! E aí, vamos brincar?

Tiago Aquino da Costa e Silva (Paçoca)
Cristiano dos Santos Araújo

SUMÁRIO

O brincar, 15

O brincar na visão das crianças, 19

O brincar e as crianças, 21

O brincar na aprendizagem, 25

Nem tudo que reluz é ouro – Estratégias para lidar com as dificuldades nos momentos do brincar, 31

O educador como facilitador do brincar, 37

Repertório de brincadeiras e jogos, 41

Posfácio, 93

Referências, 95

O BRINCAR

Inicialmente gostaríamos de mencionar que a obra não tem a pretensão de esgotar os conceitos e debates sobre o brincar e a criança, e sim apresentar sensibilidades conceituais sobre.

Brincar é uma das formas mais espontâneas e libertatórias do comportamento humano. É por meio dele que aprendemos a viver em sociedade e a nos reconhecer como sujeito. Para Huizinga (1971) a cultura surge em forma de jogo. Mesmo as atividades que visavam à satisfação imediata das necessidades vitais, como, por exemplo, as caças, também tendem a assumir nas sociedades primitivas uma forma lúdica.

Durante a infância o brincar acontece diariamente em seu cotidiano, e sendo assim o aprendizado e o desenvolvimento da criança é dinâmico e sem fim.

A ludicidade acompanha a vida de todas as pessoas, desde o nascimento até a velhice. As ações lúdicas, por meio dos jogos e brincadeiras, são essenciais para a descoberta de um mundo existente no imaginário e na realidade de cada pessoa, possibilitando uma vivência única, exclusiva e inédita, o que favorece o desenvolvimento humano daqueles que brincam, segundo Silva e Pines Junior (2013).

Silva e Gonçalves (2010) afirmam que com a prática dos jogos e das brincadeiras as crianças ampliam o conhecimento de si e do mundo que as cerca, desenvolvem as múltiplas linguagens, exploram e manipulam objetos, organizam seus pensamentos, descobrem e agem com regras, assumem papel de liderança e se socializam com outras crianças.

Em nossa memória lembraremos facilmente de cenários infantis relacionados ao brincar, como crianças brincando de casinha e com carrinhos, as ações simbólicas relacionadas aos animais, entre outros. Essa é uma das formas de reconhecimento do mundo na infância, e assim, é por meio desta interação que a criança vai se constituindo e desenvolvendo habilidades cognitivas, sociais e físicas.

Venâncio e Freire (2005, p. 33) acrescentam que "o brincar em sua visão de mais profundidade corresponde à satisfação das necessidades afetivas vitais para que o ser humano se realize". Ao brincar, a criança representa suas vivências, evoca aspectos e experiências significativas, organiza e estrutura sua realidade externa e interna, tomando a consciência de si como ser atuante.

Piaget, biólogo que estudou a infância em sua teoria, defende que para a criança adquirir pensamento e linguagem, é necessário passar por vários estágios de desenvolvimento psicológico e que isso vai acontecer do individual para o social; descreve que o desenvolvimento mental se dá espontaneamente, partindo da interação com o meio (MALUF, 2014). Os estágios são:

Período sensório-motor (1 a 3 anos): neste estágio predominam atividades de exploração e conhecimento do espaço físico, bem como as relações cognitivas entre a criança e o meio.

Período pré-operatório (3 aos 6 anos): vão aparecer as imitações e a criança dá significado às suas próprias ações. Os fatores responsáveis pelo desenvolvimento são a maturação, experiências físicas e lógico-matemáticas, experiência social, motivação, equilibração e interesse de valores.

Estágio operatório concreto (6 aos 12 anos): após equilibrações sucessivas, há um desenvolvimento cognitivo das operações mentais da criança, que vai pensando logicamente sobre eventos concretos, mas ainda possui dificuldades de lidar com conceitos hipotéticos e abstratos. Isso implica, dentre outros, na capacidade de combinar, separar, ordenar e transformar objetos e ações, bem como na noção de reversibilidade e o raciocínio silogístico.

Estágio operatório formal (a partir de 12 anos): neste estágio são desenvolvidas capacidades de pensar em conceitos abstratos e no próprio processo de pensamento. Existe a presença de pensamento hipotético dedutivo, raciocínio lógico e dedutivo, capacidade de resolução de problemas e de pensamento sistemático. A linguagem está desenvolvida, permitindo discussões lógicas e que cheguem a conclusões e respectivas considerações. É o período em que há a maturação da inteligência do indivíduo, em que há a capacidade de pensar sobre o seu próprio pensamento, ficando cada vez mais consciente das operações mentais que realiza ou que pode realizar diante do meio que o cerca.

Entendendo as fases de desenvolvimento, o educador conseguirá preparar e sistematizar atividades que alcancem de maneira assertiva e efetiva os objetivos propostos para cada público, fazendo com que sua experiência seja mais significativa e motivante. Caso isso não aconteça, é "normal" o educador notar o esvaziamento da atividade por conta da saída dos participantes. Por fim, é fundamental conhecer o perfil do público e o propósito da atividade para que a ação possa estar ajustada aos seus participantes.

Olhar para a criança e seu desenvolvimento é fundamental na sistematização lúdica da atividade a ser proposta.

O BRINCAR NA VISÃO DAS CRIANÇAS

Brincar é uma oportunidade de estar junto, e quando se está junto verdadeiramente, é muito importante ouvir o que o outro tem a dizer, em especial quando esse outro é uma criança. Nós sempre ouvimos o que as crianças dizem, porque assim conseguimos fazer com que o brincar seja um momento mágico. Essas expressões das crianças aconteceram durante momentos de brincadeiras na escola, no clube, no parque... Bora brincar de ouvir as crianças:

- "Brincar é se divertir" (B.S.S., 5 anos).
- "Brincar é como se fosse a vida real" (M.L.S.C.A., 6 anos).
- "Brincar é ser super-herói" (F.A., 5 anos).
- "Brincar é virar uma princesa" (M.I.S.A., 5 anos).
- "Brincar é se divertir, é brincar de boneca, brincar de castelo, carrinho e também brincar de pega-pega" (L.G., 8 anos).
- "Brincar é ser feliz, ter amigos, se divertir, aprender, respeitar regras e sei lá!!! Estar de bem com a vida" (A.L.L., 9 anos).
- "Brincar é se divertir com os amigos" (A.S.A.).
- "Brincar é se divertir. Eu adoro brincar de Ken e Barbie" (O.A.S.S., 4 anos).

- "Brincar é estar feliz como uma princesa" (A.B.S.S., 5 anos).
- "Brincar é jogar videogame, quando jogo me sinto dentro do jogo" (D.V.A., 11 anos).
- "Brincar é jogar com meus amigos, jogos com regras e até aprendi algumas coisas de matemática brincando" (M.V.S.A., 12 anos).

O BRINCAR E AS CRIANÇAS

Das crianças que representavam pequenos adultos, nos anos de 1950, encontram-se hoje as crianças ativas, opiniáticas e críticas. Essa criança que não se contenta em ser um espectador social e procura, desde cedo, o seu lugar de agente. Esse caráter questionador que marca essa nova geração, para Haetinger (2013) demonstra um alto grau de criatividade que norteia o seu senso crítico.

Interação e criatividade são termos fundamentais para uma intervenção educacional sistematizada do conhecimento aos pequenos. Criatividade no que tange a capacidade criadora e inventiva capaz de gerar novas ideias, ações; e interação, na medida em que o sujeito se relaciona de diversas formas e intensidades com o meio.

A criança que não compartimenta mais os conhecimentos, que busca de forma não linear sua relação com os conteúdos de seu interesse e cria um novo modo de agir frente aos desafios, passa a ser um sujeito multifacetado em sua essência (HAETINGER, 2013).

Entender e refletir sobre o mundo da criança é submeter os pensamentos para os estudos sobre o jogo e a infância. Essa íntima relação apresenta valores significativos para uma formação e desenvolvimento integral – motor, afetivo-social e psíquica. Pensar e agir focando na totalidade do sujeito é garantir não somente algo intencionado para uma formação do corpo, mas algo que seja relevante para sua respectiva formação crítica, criativa e lúdica (SILVA & POZZI, 2014).

A criança de até dois anos começa a interagir com o mundo, poucas palavras são balbuciadas e ela então utiliza a manipulação e gestos para comunicar-se com o mundo. Portanto, utilizar brincadeiras musicais com gestos será bem estimulante para o desenvolvimento dos pequenos. A ênfase dos estímulos visual e auditivo pode ser de grande ajuda para manter esse grupo interessado nas atividades por mais tempo.

A partir de dois anos de idade as crianças passam para um período de forte relação simbólica e aquisição de linguagem (estimulação à imaginação e fantasia). Portanto, as brincadeiras de faz-de-conta serão essenciais a esse grupo.

A brincadeira e o faz-de-conta são meios de desenvolver a linguagem e a sensibilidade lúdica. Imaginando, a criança se comunica, constrói histórias e expressa vontades.

A partir dos cinco anos as crianças começam a participar de brincadeiras em grupo, e por isso devemos proporcionar jogos mais elaborados no que tange às regras, desafios e participação social. O tempo de concentração em uma única atividade também muda, as crianças passam a ficar mais tempo concentradas pelo mesmo estímulo. Para essa faixa etária, jogos de desafios com regras simples, em grupo ou individuais, serão bem aceitos e prenderão a atenção dos pequenos.

A partir dos seis anos, meninos e meninas já estão menos centrados em si, conseguindo se colocar no lugar do outro. Esse é o momento para aprender a respeitar normas, cooperar e competir. Nessa fase devem ser proporcionados jogos com regras que exigem dos participantes o cumprimento das ações combinadas, passando a considerar outros fatores que influenciarão no resultado da atividade (não tem relação com o resultado relacionado a ganhar e a perder), como a atenção, concentração, pensamento estratégico e raciocínio. Elas já são capazes, por exemplo, de brincar junto com outras crianças em atividades onde a coordenação motora e os sentidos estão combinados com habilidades intelectuais.

Nota-se que o brincar é uma maneira prazerosa de estimular o desenvolvimento infantil. A criança que brinca crescerá, possivelmente, um adulto mais confiante, com melhor capacidade de resolução de problemas, maior autonomia social e nível de concentração, entre outras considerações.

O BRINCAR NA APRENDIZAGEM

Neste capítulo vamos apresentar breves reflexões e indicações sobre as possíveis funcionalidades do jogo e da brincadeira no desenvolvimento da criança, e o que o educador precisa (re)conhecer para que a ação não perca a característica lúdica e assim possa ser utilizada no processo ensino-aprendizagem.

Toda tentativa de concluir termos já consagrados em poucas palavras é sempre um grande desafio, bem como temos o cuidado de não minimizar a sua propriedade, portanto, reconhecemos aqui a necessidade do educador também se pautar em obras clássicas acerca dos temas desenvolvidos brevemente por aqui.

É importante buscar o prazer da criança durante o processo ensino-aprendizagem para que o desenvolvimento aconteça de forma mais eficiente. Brincando, a criança se torna autônoma, quando o educador utiliza o jogo e a brincadeira no processo de aprendizagem. Compete ao educador ampliar as estratégias e os jogos para que as crianças possam assimilar novas ações num ambiente propício e agradável. A brincadeira deve ser sempre levada a sério pelos educadores.

As crianças vivem seu próprio momento. Nas atividades com jogos e brincadeiras, o que vale é o prazer e a alegria, é o desafio do momento. Na perspectiva das crianças, não se joga para ficar mais inteligente; joga-se porque é divertido, desafiador. Desperta-se assim o espírito lúdico, que é a relação do sujeito com uma tarefa, atividade ou pessoa pelo prazer funcional que é despertado.

Quando brinca, a criança assimila o mundo à sua maneira, sem compromisso com a realidade, pois sua interação com o objeto não depende da natureza do objeto, mas da função que a criança lhe atribui (PIAGET, 1971).

Essa brincadeira pode acontecer dentro ou fora da escola, mas para nós educadores, é importante pensar como aperfeiçoar nossas ações lúdicas, dentro das instituições de ensino.

Em Kishimoto (2008), o pesquisador Bruner, em 1983, durante uma conferência, apresentou as principais funções do jogo na Educação Infantil. São elas:

• Retrata valores presentes em cada cultura;

• É uma forma de socialização que prepara a criança para ocupar um lugar na sociedade adulta;

• Tem função terapêutica, importante para preparar para a vida social e emocional;

• Contribui para o desenvolvimento mental; e contribui na aprendizagem da linguagem.

Destaca-se que a brincadeira livre também contribui para liberar a criança de qualquer pressão, seja social, psíquica e outras. Entretanto, é a orientação e mediação de adultos que dará forma aos conteúdos intuitivos. A presença do adulto, não só física, mas estimuladora, favorece a concentração prolongada e a elaboração complexa do pensamento (KISHIMOTO, 2008).

Considera-se que o brincar "direcionado" é ferramenta indispensável para o desenvolvimento da criança, uma vez que ao brincar, a mesma constrói conhecimento e ressignifica aquilo que aprende com a sociedade na qual está inserida.

A descontração contida no jogo permite que as crianças se sintam à vontade para novas experiências, conseguindo se relacionar com o mundo de maneira ativa.

Kishimoto (2014) apresenta as concepções de Froebel sobre a brincadeira na educação, na qual o educador instituiu uma pedagogia tendo representação simbólica como eixo do trabalho educativo.

Froebel não foi o pioneiro a analisar o jogo na educação, mas o primeiro a colocá-lo como parte essencial do trabalho pedagógico, no qual o brincar é a fase mais importante da infância e do desenvolvimento humano, por ser sensível à representação do interno, à representação de necessidades e impulsos internos. Froebel valoriza as brincadeiras simbólicas (representações do cotidiano) por considerar uma maneira pela qual a criança tenta compreender o mundo e o seu entorno. Sempre que a criança reproduz algo que viu ou ouviu tem um pensamento inconsciente no qual está tentando compreendê-lo.

Macedo et al. (2005) apresenta cinco indicadores que permitem notar a presença da ludicidade nos processos de aprendizagem e desenvolvimento, favorecendo assim a observação de sua dimensão nas atividades escolares. São eles:

Ter prazer funcional

Prazer funcional está relacionado ao desafio proporcionado no momento da atividade e a alegria, que muitas vezes pode gerar desconforto, de exercer certo domínio motor, de testar certa habilidade, transpor obstáculos ou de vencer um desafio, entre outros. Como o jogo e a brincadeira não têm meios para outros fins, mas sim em si mesmo, a criança não joga para ficar mais inteligente, para ser bem-sucedida no futuro ou ainda para aprender um conteúdo escolar, ela joga e brinca pela plena função lúdica/diversão e desafio propostos, e porque brincando participa de um grande encontro social com colegas em um contexto/cenário que para eles é significativo.

Proporcionar desafios

Desafio e surpresa são representados nas situações problemas, contidas em determinados jogos, como por exemplo nos jogos de estratégia. Esse indicador exige da criança a aprendizagem e esforço para resolver os problemas da ação. Para prover a superação será preciso atuar com mais atenção, concentração e criatividade. Brincando, a criança repete a prática pelo prazer e desafio proposto.

Possibilidades de intervenção e participação

É necessário que o educador crie alternativas para que a criança tenha a possibilidade de participar de forma ativa e autônoma. A criança deve dispor de recursos internos (relacionados às habilidades e competências para a realização da atividade) ou externos (relacionados aos espaços, objetos, tempo e pessoas) suficientes para realização de toda a tarefa, ou ao menos parte dela. Considera-se que tarefas "impossíveis" de serem realizadas geram respostas evasivas, desculpas, desinteresse, adiamentos, sentimento de culpa ou impotência. Por fim, o educador deverá planejar a sua atividade pensando e adequando-a para cada faixa etária, pensando nas possibilidades reais de intervenção e participação.

Possuir dimensão simbólica

Pensar na ludicidade relacionada à dimensão simbólica, é vincular as ações para o despertar motivacional da criança participante por meio de histórias, contos e oportunidades de interação estoriada; enfim, pensar no movimento do faz de conta é explorar cenários e brincadeiras essenciais para o desenvolvimento integral do sujeito. A ludicidade amplifica as possibilidades de assimilação do mundo.

Expressar de modo construtivo ou relacional

A expressão construtiva na atividade lúdica se relaciona com o desafio de considerar algo segundo diversos pontos de vista, dada sua natureza relacional ou dialética.

É essencial na ludicidade que o educador possua um olhar atencioso e disponível para a estimulação das diferentes expressões. A ação lúdica combina com a ideia de "errância". Esse termo está relacionado com o fato de não seguir uma ordem predefinida para fazer algo, como por exemplo uma leitura rápida, na qual o primeiro passo é reconhecer o nome do livro, depois o sumário, nome dos autores, e capítulos que podem ser lidos aleatoriamente, como se fosse um passeio desejado, mas não planejado, nem submisso a um roteiro rígido.

A errância é uma forma curiosa, atenta, porém aberta, de fazer alguma exploração. Refere-se à dimensão construtiva, a qual implica uma relação múltipla, onde considera-se por um momento um aspecto depois outro, observa a forma, ora o conteúdo, ora tema ou imagem, sabendo que tudo isso faz parte do todo (MACEDO et al., 2005). Enfim, quando a criança vai brincar, ela ouve atentamente as orientações da atividade, se sente motivada a participar dessa experiência. Mas no decorrer da brincadeira, ela pode decidir sair, voltando após um breve "descanso". Isso pode acontecer com os jogadores, sendo ouvintes, observadores e/ou participantes ativos, e serão envolvidos pelas expressões lúdicas – brincadeiras e jogos.

É possível relacionar que a criança, no primeiro momento da atividade, prefira não participar, uma escolha que será realizada a partir do que se tem de experiências tácitas sobre tal ação, bem como da observação e previsão do sucesso ou fracasso sobre a sua prática. Após essa primeira conquista a participação é integral e plena.

Seguindo tais indicadores, nota-se que a ludicidade tem várias formas de manifestação, portanto, o facilitador deve estar atento ao planejamento das suas atividades – brincadeiras e jogos. O educador deverá, então, garantir a acessibilidade da criança às expressões lúdicas.

NEM TUDO QUE RELUZ É OURO

ESTRATÉGIAS PARA LIDAR COM AS DIFICULDADES NOS MOMENTOS DO BRINCAR

Este texto tem a missão de apresentar as diferentes possibilidades do brincar. Diariamente educadores se deparam com situações consideradas adversas para alguns, como: lugares não preparados para o brincar, baixa adesão das famílias e crianças às práticas lúdicas, a "concorrência" em tempo da criança para a prática corporal em decorrência da experiência virtual, entre outros.

Deve-se ter um olhar holístico para o brincar. Lembrar que toda brincadeira poderá gerar o desenvolvimento pleno das crianças. Algumas vezes nos prendemos a alguns paradigmas acreditando que só com materiais estruturados e lugares bem preparados conseguimos um bom desenvolvimento com a prática das atividades de brincar. O educador precisará reconhecer novos lugares e cenários para a atuação do brincar, nos quais esse despertar valorizará novos espaços e experiências.

Piaget, em seus estudos, afirma que a brincadeira revela como a criança reflete, organiza, desorganiza, constrói e reconstrói o próprio mundo (KISHIMOTO, 2002).

Com a evolução social e o crescimento econômico, os espaços para brincar estão cada vez mais escassos. As crianças já não brincam mais nas ruas (salvo exceções em áreas afastadas do centro urbano), talvez pelo aumento da violência nas cidades, a transformação urbanística, bem como pelo preenchimento da agenda da criança repleta de tarefas e atividades.

O fato é que o espaço que fica disponível para o brincar e trocas sociais geralmente são as escolas, festas, colônias de férias e acampamentos. E assim enfatiza-se a escola como ambiente e cenário propício para a evolução do brincar na infância de forma alinhada à educação formal, por meio de práticas sustentáveis e adequadas, mediadas por educadores cada vez mais brilhantes.

Portanto, devemos possibilitar que esses momentos disponíveis para o brincar virem experiências inesquecíveis e rotineiras na vida das crianças, seja você pai/mãe ou educador.

O educador (facilitador do brincar) deve, dentro de suas possibilidades, preparar sua proposta com a intenção de fazer desta um momento único.

Por fim, a experiência positiva propiciada pelo brincar é causada pela imersão do sujeito na ação, possibilitando a formação da personalidade, da estimulação de atitudes e propósito que possibilitam o desenvolvimento humano.

Buscando inspirações em grandes educadores que modificaram o cenário educacional com os estudos sobre criança, devemos citar Froebel, Montessori, Malagussi e Mário de Andrade, que na realidade de cada atuação, aprimoraram um olhar para a criança como construtora de conhecimento, e a desenvolver ações onde elas fossem protagonistas das suas histórias.

Froebel prioriza a sistematização dos Jardins de Infância na Alemanha, que teve a preocupação de criar ambientes de livre exploração, privilegiando brincadeiras espontâneas, cantigas e a recriação de brinquedos denominados "dons". Este lugar possuía como princípio norteador considerar a criança como ser atuante em suas ações (ARANTES, 2008).

Mário de Andrade, criador dos parques infantis na cidade de São Paulo, ao ser convidado para atuar como secretário de educação pelo prefeito Fabio Prado, viu a necessidade de sistematizar espaços que integrassem a ludicidade, a recreação, as brincadeiras tradicionais, jogos de livre manifestação, e outros.

Os espaços voltados ao lazer na cidade estavam diminuindo, por conta da urbanização e do aumento da população (CREPALDI et al., 2016). Mário de Andrade buscou inspiração nas ideias de Froebel para a construção dos parques infantis. Foi dada a devida importância aos parques infantis por proporcionarem o protagonismo da infância em suas ações, na busca do desenvolvimento social, físico e cognitivo. Ainda de acordo com Crepaldi et al. (2016) a intenção dos parques infantis era a integração entre o lúdico, a recreação, as brincadeiras tradicionais, os jogos de livre manifestação e a propagação do folclore, pois Mário de Andrade não enxergava as crianças como carentes, mas sim como ricas do ponto de vista cultural, capazes de criar e recriar, a partir das atividades lúdicas.

Montessori também inspira as grandes ações relacionadas ao brincar e à educação, sendo considerada como inovadora, a qual através do método ativo teve por objetivo a preparação racional dos indivíduos às sensações e percepções.

As classes baseadas na proposta pedagógica de Montessori são identificadas pela convivência de crianças de diferentes faixas etárias e pela possibilidade de realizar um trabalho individualizado, garantido pela liberdade e autonomia de escolha entre materiais disponíveis em um ambiente organizado para propiciar o prosseguimento da aprendizagem. Essa pedagogia consiste na busca para o desenvolvimento de um ser humano observador e ativo, sendo em sua época uma real necessidade, colocando as crianças em contado direto com situações do cotidiano, entendendo que a situação prática põe o homem em contato direto com o lado prático da vida, para Angotti (2003).

E por fim vamos falar de Loris Malaguzzi, que em sua proposta pedagógica colocou a criança como protagonista em um mundo centrado no adulto, em busca de um modelo redentor para superar as desigualdades, propondo uma educação igual para todos, no qual a educação não é neutra, pois ela tanto reproduz como transforma a realidade. Quando recebeu o Prêmio Rego, em 1992, Malaguzzi discursou explicando o que tornava o projeto de Reggio Emilia único.

> Há séculos que as crianças esperam para ter credibilidade. Credibilidade nos seus talentos, nas suas sensibilidades, nas suas inteligências criativas, no desejo de entender o mundo. É necessário que se entenda que isso que elas querem é demonstrar aquilo que sabem fazer. Elas têm cem linguagens a serem aprendidas e também a serem mostradas. A paixão pelo conhecimento é intrínseca a elas. Em Reggio Emilia, acreditamos nas crianças. Se acreditamos nelas, devemos mudar muitas coisas (FARIA, 2003, p. 278).

Faz-se necessário reconhecer algumas das inspirações relacionadas aos temas brincadeiras, jogos e educação, com o intuito de estabelecer conexões sobre os diversos autores supracitados e outros.

Ao chegar aqui, talvez você, leitor, faça a seguinte pergunta: qual é a importância deste capítulo para o meu dia a dia?

Declaramos, por fim, que os educadores devem "olhar para a criança" dentro das possibilidades que a elas estão disponíveis, destacando suas potencialidades, criando um cenário real num ambiente inspirador e acolhedor, tendo a escuta apurada para compreender as necessidades de cada criança. Deve-se então fazer o mapeamento para saber qual é o caminho educacional a ser traçado para fazer uma prática realmente significativa.

Este espaço destinado à ludicidade favorece o desenvolvimento da criança, pois ela brinca, e brincando constrói sua autonomia. Como destaca Bomtempo (1996), é brincando que o ser humano se torna apto a viver numa ordem social e num mundo culturalmente simbólico. Brincar exige concentração durante grande quantidade de tempo, desenvolve iniciativa, imaginação e interesse; é o mais completo dos processos educativos, pois influencia o intelecto, a parte emocional e o corpo da criança (BOMTEMPO, 1996).

Todas as dificuldades aparentes dentro do brincar ficam inexpressivas quando a brincadeira é envolvente. O facilitador deve trazer propostas diferentes e sempre inovar em suas ações para que não caia na mesmice e a pedagogia caia em exaustão.

A brincadeira deve sempre ser o ápice, ressaltando a vontade e o desejo de sempre brincar.

As cem linguagens da criança

Loris Malaguzzi (1995)

A criança é feita de cem.

A criança tem cem mãos, cem pensamentos, cem modos de pensar,
de jogar e de falar.

Cem sempre cem modos de escutar, de maravilhar de amar.

Cem alegrias para cantar e compreender.

Cem mundos para descobrir.

Cem mundos para inventar.

Cem mundos para sonhar.

A criança tem cem linguagens (e depois cem) mas roubaram-lhe
noventa e nove.

A escola e a cultura lhe separam a cabeça do corpo.

Dizem-lhe: de pensar sem as mãos, de fazer sem a cabeça, de
escutar e de não falar, de compreender sem alegrias, de amar e de
maravilhar-se só na Páscoa e no Natal.

Dizem-lhe: de descobrir um mundo que já existe, e de cem
roubaram-lhe noventa e nove.

Dizem-lhe: que o jogo e o trabalho, a realidade e a fantasia, a
ciência e a imaginação, o céu e a terra, a razão e o sonho são coisas
que não estão juntas.

Dizem-lhe enfim: que as cem não existem.

A criança diz: ao contrário, as cem existem.

O EDUCADOR COMO FACILITADOR DO BRINCAR

Quando pensamos em educador, vem à lembrança uma pessoa repleta de conhecimentos, capaz de orientar seus alunos para uma aprendizagem plena. E o professor? Um sujeito que conduz suas aulas a fim de transmitir os diversos conteúdos de sua respectiva disciplina, em pé, com seus alunos atentos sentados à sua frente absorvendo o máximo possível da proposta.

Acreditamos na proposta onde o educador atua como mediador e facilitador da aprendizagem, tendo uma participação ativa no processo. A criança, desta geração, é interativa na absorção do conhecimento de forma real e virtual, bem como na capacidade de dialogar com parceiros, escolher caminhos e elaborar reflexões sobre a ação realizada, por meio de um bate-papo.

É fundamental realizar um trabalho de intervenção por parte do profissional que acompanha as partidas, propõe desafios, pede análises, enfim, instiga à reflexão e também ajuda os alunos a perceberem semelhanças entre os contextos do jogo e da escola, para Macedo et al. (2005).

Segundo Brown (1994), o facilitador deve criar um ambiente para o jogo, deve acender o fogo. Se um facilitador sugere um jogo, seco e desinteressado, o grupo não vai responder. É preciso mostrar com alegria, entusiasmo e riso que o jogo é cooperação e celebração. As características que um educador mediador deve ter são:

- *Comunicativo*: mais do que explicar o jogo, o facilitador precisa dar sentido à prática proposta, a fim de transmitir valores e estímulos, criando um ambiente agradável e significativo.
- *Amável-amigo*: corresponde a um contexto de união e solidariedade. O facilitador também é amigo e companheiro, indo além da necessidade de diversão e mediação.
- *Criativo*: o facilitador deverá ter a competência de criar e recriar as práticas propostas, entre elas o jogo.
- *Flexível*: trata-se da capacidade de mudar, iniciar e até mesmo suspender a prática, caso ocorra um imprevisto.
- *Alegre*: o facilitador deverá ser alegre e capaz de transformar esse estado de espírito em empatia e motivação.
- *Sensível*: deverá ser sensível para entender e compreender as necessidades das pessoas e do processo.
- *Paciente*: pois é fundamental entender o ritmo e as necessidades de cada criança e garantir a evolução de todos na prática.
- *Sensorial*: estar atento a todos os sentidos das pessoas que participam das expressões lúdicas, como alegria, tristeza, prazer, entre outras.

O educador que se inspirar nestes princípios terá uma maior possibilidade de obter sucesso em suas práxis e conseguirá acertar com maior assertividade a proposta. O educador brilhante deve ser inquieto, capaz de criar e sustentar suas ações pedagógicas nas bases dos valores e competências, e não como fim nela mesma. Fazer esta leitura do grupo é indispensável para poder propor alguma atividade. No princípio criativo como aquele que cria, é necessário ter experiências e referências sobre a composição das ações – elaboração, sistematização e aplicação das práticas. O olhar para a pesquisa-ação é essencial para esta conquista.

Para Soler (2006), o educador deverá atuar como mediador entre o aluno e o processo de conhecimento, atuando como orientador, facilitador e aconselhador da aprendizagem. Devemos integrar no desenvolvimento das atividades os aspectos cognitivos, afetivos, psicomotores e sociais.

Platts (2001, apud SOLER, 2005) descreve três obrigações essenciais do facilitador:

• Ser autêntico: ser você mesmo abrirá caminhos para que os participantes possam ser eles mesmos, em momento de autodescoberta e conquista.

• Ter as instruções de cada jogo bem claras na mente, apresentando-as com simplicidade e objetividade.

• Guie o período destinado para o jogo com intuição, espontaneidade e criatividade. Fique aberto para a possibilidade de mudanças e conserve sempre uma conexão com o coração, o tempo todo (SOLER, 2005).

O facilitador deve sempre ter clareza em sua proposta, estar bem preparado. Isso vai gerar a confiança em quem participar de suas atividades. Outro ponto a ser observado é que ele deve sempre fazer conexões entre o que é aplicado com a realidade dos participantes, mantendo o olhar para a educação não formal e formal, além da animação sociocultural.

A afetividade deverá existir entre os meandros da educação, pois é por meio dela que o educador mantém um vínculo afetivo com a criança, garantindo bem-estar relacional, duplicidade na confiança e segurança educacional, bem como no prazer de estar no mesmo espaço e meio social.

Portanto, para ser um educador brilhante é preciso reconhecer todos os estágios de desenvolvimento, ter o devido conhecimento sobre os conceitos e ações que dão entorno à infância e à criança compreender e estar disponível para a afetividade, e sobretudo valorizar a ludicidade como meio de aprendizagem. Ah, e claro, ser um amante apaixonado pelo que faz!

E aí, bora brincar?

REPERTÓRIO DE BRINCADEIRAS E JOGOS

Toda atividade apresentada seguirá o fichário elaborado por Silva e Pines Junior (2013).

NOME DA ATIVIDADE

DIVERSÃO: organizado por ACFV (Aventura, Competição, Fantasia e Vertigem).

IDEIA CENTRAL: é o resumo da atividade, seguindo as principais informações.

COMPETÊNCIAS E VALORES: descrição das ações competentes ao jogo.

FAIXA ETÁRIA SUGERIDA: 3 a 6 anos, 7 a 12 anos e adolescentes.

PARTICIPAÇÃO: individual, duplas, pequenos grupos e grandes grupos.

MATERIAIS: estão descritos os materiais utilizados na respectiva atividade.

DESENVOLVIMENTO: descrição das etapas de realização da atividade.

VARIAÇÃO: são sugeridas novas ações para a atividade.

JOGO DOS AUTÓGRAFOS

DIVERSÃO: ACV.

IDEIA CENTRAL: é uma atividade em que cada integrante deverá tentar coletar a maior quantidade de autógrafos possíveis dentro de um tempo limite.

COMPETÊNCIAS E VALORES: cooperação, senso crítico e raciocínio.

FAIXA ETÁRIA SUGERIDA: jovens, adultos e idosos.

PARTICIPAÇÃO: pequenos e grandes grupos.

MATERIAIS: papel e caneta.

DESENVOLVIMENTO: o objetivo do jogo é demonstrar como a cooperação gera resultados mais significativos do que os esforços individuais e isolados. O desafio é obter o maior número possível de autógrafos em uma folha, em um tempo determinado (sugestão 1 minuto). As folhas e canetas estarão espalhadas no centro do grupo. Ao sinal, todos terão um minuto para coletar os autógrafos. Com o término do tempo, o mediador reúne o grupo e pergunta quantos autógrafos cada um conseguiu, e abre um espaço para que falem como foi, o que sentiram e como conseguiram os autógrafos.

VARIAÇÃO: espalhe diversos objetos no local de jogo, e estabeleça um tempo limite. Os participantes deverão coletar o maior número de objetos neste tempo.

SEU MESTRE MANDOU

DIVERSÃO: ACFV.

IDEIA CENTRAL: uma atividade de comando.

COMPETÊNCIAS E VALORES: desenvolvimento do esquema corporal e imitação.

FAIXA ETÁRIA SUGERIDA: a partir de 3 anos.

PARTICIPAÇÃO: pequenos e grandes grupos.

MATERIAIS: nenhum.

DESENVOLVIMENTO: o educador deverá realizar comandos a fim de oferecer movimentos para a criança e assim dizer "o mestre mandou colocar a mão na barriga", "o mestre mandou bater palmas" e assim por diante. A atividade acontece até quando houver motivação por parte das crianças.

VARIAÇÃO: o educador poderá em vez de movimentos, fazer o estímulo por meio de sons.

METEORO

DIVERSÃO: ACFV.

IDEIA CENTRAL: jogo em roda na qual a dupla central terá a missão de buscar os lugares de outros jogadores.

COMPETÊNCIAS E VALORES: atenção e concentração, respeito ao próximo e capacidade de previsão.

FAIXA ETÁRIA SUGERIDA: 7 a 12 anos e adolescentes.

PARTICIPAÇÃO: grandes grupos.

MATERIAIS: cadeiras e fitinhas coloridas (vermelha e azul).

DESENVOLVIMENTO: o educador irá dispor as cadeiras em roda e cada criança sentada na cadeira. No meio da roda ficarão dois jogadores sem cadeira. O educador separará o grupo em duplas (um com a marcação vermelha e outro azul). Cada criança estará conectada (mãos dadas) com o jogador do seu lado direito, formando assim uma dupla. Os dois jogadores centrais darão início ao jogo com os seguintes comandos:

- Sol: todos os jogadores de cor azul vão trocar de lugar, e assim os jogadores centrais deverão conquistar cadeiras vazias, sobrando assim dois outros jogadores ao centro que não conseguiram ocupar outro lugar.

- Lua: todos os jogadores com a marcação azul realizarão a mesma ação do grupo vermelho (acima já descrito).

- Eclipse total: bagunça geral, todos os jogadores trocarão de lugar, e os jogadores centrais buscarão novas ocupações, sobrando assim outros jogadores que darão reinício do jogo.

- Meteoro: essa parte é uma das mais divertidas deste jogo, as duplas trocarão de lugar de mãos dadas. Aquela dupla que "sobrar" dará continuidade como jogadores centrais.

O jogo permanecerá em ação até quando houver motivação por parte dos participantes.

VARIAÇÃO: o jogo poderá acontecer de forma individual, cada um por si.

CADA UM NO SEU LUGAR

DIVERSÃO: ACFV.

IDEIA CENTRAL: um jogo em roda cujos participantes deverão colocar numa ordem suas fotos.

COMPETÊNCIAS E VALORES: reconhecimento do outro, socialização e quebra-gelo.

FAIXA ETÁRIA SUGERIDA: 7 a 12 anos.

PARTICIPAÇÃO: pequenos e grandes grupos.

MATERIAIS: fotos dos participantes, cesto de palha ou plástico e cadeira (ou bambolês).

DESENVOLVIMENTO: as crianças formarão uma roda e estarão posicionadas dentro da casa (cadeira ou bambolê). O educador colocará no cesto de palha todas as fotos dos participantes. Os jogadores iniciarão uma caminhada pelo espaço do jogo, e ao sinal do educador, deverão pegar uma foto e colocar no lugar no qual acreditam que o dono desta foto estava antes. É um jogo cooperativo, portanto todos os jogadores deverão criar essa sequência com as fotos; ah, e claro, só poderão se comunicar com mímicas.

VARIAÇÃO: o grupo poderá ser dividido em duas equipes intensificando assim a competitividade da ação.

A TRILHA

DIVERSÃO: AFV.

IDEIA CENTRAL: uma atividade de caminhar sobre o caminho sistematizado.

COMPETÊNCIAS E VALORES: desenvolvimento das habilidades locomotoras.

FAIXA ETÁRIA SUGERIDA: a partir de 3 anos.

PARTICIPAÇÃO: pequenos grupos.

MATERIAIS: tapetes pequenos ou peças de E.V.A.

DESENVOLVIMENTO: o educador deverá distribuir no espaço de jogo tapetes pequenos ou peças de E.V.A. formando assim uma trilha. A crianças então, deverão cair somente sobre as peças lançadas, para deixar a brincadeira mais divertida, dando "ar mais simbólico" na qual o caminho é uma ponte e as crianças não poderão pisar fora dela, que seria o lago.

VARIAÇÃO: as crianças poderão saltar somente sobre os tapetes das cores escolhidas, favorecendo assim o reconhecimento das mesmas.

ACORDA SEU URSO

DIVERSÃO: AFV.

IDEIA CENTRAL: é um jogo de pega-pega com tematização.

COMPETÊNCIAS E VALORES: desenvolvimento da agilidade e velocidade, bem como atenção e concentração.

FAIXA ETÁRIA SUGERIDA: 3 a 6 anos, e 7 a 12 anos.

PARTICIPAÇÃO: pequenos e grandes grupos.

MATERIAIS: nenhum.

DESENVOLVIMENTO: uma criança é escolhida para ser o pegador (urso) e ficará deitada no meio do espaço de jogo (rua ou quadra). O educador acompanhará os demais participantes, que deverão se aproximar do urso, contarão até 3 e dirão "Acorda, senhor urso!" O jogador-pegador (urso) se levantará e sairá na busca dos demais jogadores que estarão em fuga. Quem for pego será o novo pegador.

VARIAÇÃO: o jogo poderá acontecer com a figura simbólica de outros animais, sendo escolhidos pelos próprios participantes.

SOL E LUA

DIVERSÃO: ACFV.

IDEIA CENTRAL: um jogo tradicional no qual as crianças passarão pela ponte sem serem pegas.

COMPETÊNCIAS E VALORES: liderança, coletividade e respeito às regras.

FAIXA ETÁRIA SUGERIDA: 7 a 12 anos.

PARTICIPAÇÃO: pequenos e grandes grupos.

MATERIAIS: nenhum.

DESENVOLVIMENTO: as crianças devem estar dispostas em uma única coluna segurando na cintura ou no ombro de quem está à frente. Duas outras crianças vão representar o Sol e a Lua. As crianças Sol e Lua formarão com a união das mãos a ponte (tradicional na dança junina). As crianças passam por debaixo da ponte várias vezes. Numa das vezes o Sol e a Lua prenderão algum jogador. A criança pega será encaminhada para segurar na cintura do jogador Sol ou Lua, conforme a sua escolha. E assim continuam até todos serem pegos.

VARIAÇÃO: ao final da atividade o jogo terá duas equipes sistematizadas que poderão dar início a outro grande jogo.

MINHA TIA DE MARROCOS DIZ QUE VEM

DIVERSÃO: AFV.

IDEIA CENTRAL: uma brincadeira cantada.

COMPETÊNCIAS E VALORES: desenvolvimento do ritmo e concentração.

FAIXA ETÁRIA SUGERIDA: 3 a 6 anos.

PARTICIPAÇÃO: pequenos e grandes grupos.

MATERIAIS: nenhum.

DESENVOLVIMENTO: as crianças deverão criar os movimentos relacionados às partes da música abaixo:

Minha tia de Marrocos diz que vem! UHA! (2x)

Minha tia de Marrocos (3x)

diz que vem – UHA!

Roupa dela toda eu vou lavar! UCRALA! (2x)

Roupa dela toda (3x)

eu vou lavar – UCRALA"

VARIAÇÃO: as crianças estarão em roda e aleatoriamente serão escolhidas para a criação dos movimentos.

HARRY POTTER X VOLDEMORT

DIVERSÃO: ACFV.

IDEIA CENTRAL: é um jogo de pega-pega temático do Harry Potter.

COMPETÊNCIAS E VALORES: identidade e reconhecimento da temática do jogo, formas de deslocamento e estratégia.

FAIXA ETÁRIA SUGERIDA: 7 a 12 anos e adolescentes.

PARTICIPAÇÃO: pequenos e grandes grupos.

MATERIAIS: objetos que representam varinhas.

DESENVOLVIMENTO: o educador deve escolher um aluno para ser o Voldemort e outro para ser o Harry Potter. Os demais alunos estarão dispersos pelo espaço. Ao sinal, o Voldemort deverá ir em busca de um colega, caso consiga, este deverá permanecer como estátua (congelado). O Harry Potter por sua vez tem a missão de salvar os amigos congelados tocando-os em sua cabeça, e assim estarão ativos novamente no jogo. O educador, depois de um certo tempo, deverá trocar as funções dos jogadores.

VARIAÇÃO: para dinamizar ainda mais o jogo poderá ter dois Voldermort e dois Harry Potter.

EM QUE FORMA VAI À FORMA

DIVERSÃO: ACFV.

IDEIA CENTRAL: um jogo de encaixe das figuras geométricas.

COMPETÊNCIAS E VALORES: reconhecimento das figuras geométricas e do espaço, noção espacial e pensamento preventivo.

FAIXA ETÁRIA SUGERIDA: 3 a 6 anos.

PARTICIPAÇÃO: pequenos e grandes grupos.

MATERIAIS: fita crepe, giz de lousa, e diversas formas geométricas.

DESENVOLVIMENTO: os jogadores estarão dispostos em roda e cada um na sua casa (cadeira ou bambolê). O educador desenhará, previamente, no chão da área de jogo, diferentes formas geométricas, de diversos tamanhos. Em outro espaço serão espalhadas as mesmas figuras geométricas, entretanto em papel impresso. As crianças, enfim, deverão encaixar a figura impressa com a mesma desenhada ao chão!

VARIAÇÃO: para dinamizar ainda mais, o jogo poderá ter figuras geométricas e animais desenhados e no papel impresso.

LARANJA MADURA

DIVERSÃO: AFV.

IDEIA CENTRAL: uma atividade cantada em roda com comando.

COMPETÊNCIAS E VALORES: desenvolvimento das habilidades locomotoras e orientação espaço-temporal.

FAIXA ETÁRIA SUGERIDA: 3 a 6 anos.

PARTICIPAÇÃO: pequenos e grandes grupos.

MATERIAIS: nenhum.

DESENVOLVIMENTO: as crianças formarão uma grande roda, e assim começará a música:

> A laranja é madura menino,
>
> Que cor são elas,
>
> Elas são verdes e amarelas,
>
> Então vira (chama o nome de alguém) que é cor de canela.

A criança chamada deve ficar de costas para o centro da roda. O jogo dará continuidade até que todos estejam virados; quando isso acontecer canta a música novamente, mudando o final, dizendo "então desvira todo mundo que é cor de canela", e todos devem voltar à posição inicial olhando para o centro da roda.

VARIAÇÃO: a criança que for chamada poderá fazer o movimento já previamente combinado pelo grupo.

SEU LOBO

DIVERSÃO: ACFV.

IDEIA CENTRAL: é um jogo de pega-pega com tematização.

COMPETÊNCIAS E VALORES: valorização simbólica das figuras ilustrativas ao jogo, atenção e concentração, e respeito às regras da brincadeira.

FAIXA ETÁRIA SUGERIDA: 3 a 6 anos.

PARTICIPAÇÃO: grandes grupos.

MATERIAIS: nenhum.

DESENVOLVIMENTO: um jogador será escolhido para ser o lobo e assim se esconderá. Os demais participantes darão as mãos e caminharão na direção do lobo, cantando "Vamos passear na floresta, enquanto o seu lobo não vem. Tá pronto, seu lobo?" O seu lobo responde que ele está ocupado, tomando banho, enxugando-se, vestindo-se, entre outros. Então os demais participantes se distanciam e voltam fazendo a mesma pergunta até que o lobo diga "Estou pronto e vou pegar vocês!" Neste momento as crianças devem correr até um local determinado como toca, onde o lobo não pode entrar. Quem for pego troca de função com o lobo. O jogo permanecerá em ação enquanto houver motivação por parte dos jogadores.

VARIAÇÃO: o grupo de crianças poderá se esconder e o seu lobo deverá encontrá-lo.

CORRIDA DE TRÊS PERNAS

DIVERSÃO: ACFV.

IDEIA CENTRAL: um jogo em duplas que vence quem chegar primeiro.

COMPETÊNCIAS E VALORES: cooperação, ajuda ao próximo e lateralidade.

FAIXA ETÁRIA SUGERIDA: 7 a 12 anos e adolescentes.

PARTICIPAÇÃO: pequenos e grandes grupos.

MATERIAIS: elástico para amarrar as pernas.

DESENVOLVIMENTO: o educador desenhará uma linha de chegada no chão. Posteriormente formar-se-ão duplas com os participantes, nas quais a perna direita de um estará "amarrada" com a perna esquerda do outro jogador. Ao sinal da largada, as duplas deverão correr até a linha de chegada. Vence a dupla que chegar primeiro sem cair ou soltar as pernas "amarradas".

VARIAÇÃO: para dinamizar ainda mais o jogo, os participantes poderão se organizar em trios ou quartetos, dificultando ainda mais a locomoção até a linha demarcada.

PEGA-PEGA JOKENPÔ AJUDA-AJUDA

DIVERSÃO: ACFV.

IDEIA CENTRAL: é um jogo de perseguição e com batalhas de pedra-papel-tesoura.

COMPETÊNCIAS E VALORES: agilidade, pensamento estratégico e ajuda ao próximo.

FAIXA ETÁRIA SUGERIDA: 3 a 6 anos, 7 a 12 anos e adolescentes.

PARTICIPAÇÃO: pequenos grupos e grandes grupos.

MATERIAIS: nenhum.

DESENVOLVIMENTO: é um jogo de pega-pega no qual dará início um jogador-pegador. Os demais serão considerados fugitivos. O pegador, ao "pegar" um jogador, deverá realizar uma partida de Jokenpô (pedra/papel/tesoura). Se o pegador vencer, o fugitivo irá ajudar o pegador, e caso o pegador perca a batalha ele dará sequência como único pegador. O jogo é finalizado quando todos os fugitivos forem pegos.

VARIAÇÃO: para aumentar a interação do jogo, poderá ter dois pegadores.

CAIXAS-SURPRESA 21

DIVERSÃO: ACFV.

IDEIA CENTRAL: um jogo de tarefas por meio das filipetas.

COMPETÊNCIAS E VALORES: sucesso e frustração, coletividade, cumprimento das ações propostas.

FAIXA ETÁRIA SUGERIDA: 7 a 12 anos e adolescentes.

PARTICIPAÇÃO: pequenos e grandes grupos.

MATERIAIS: caixa de papelão decorada, folhas de papel sulfite, caneta e objetos para desafios.

DESENVOLVIMENTO: os participantes serão divididos em duas equipes com o mesmo número de pessoas. O educador deverá, previamente, preparar filipetas de papel com diversos desafios. Um jogador de cada equipe deverá retirar uma filipeta e, ao ler, toda a sua respectiva equipe deverá cumprir a tarefa e assim sucessivamente. Cada desafio terá uma pontuação diferente. A equipe que alcançar 21 pontos será declarada vencedora.

VARIAÇÃO: as filipetas não precisam ter somente uma atividade motora, mas também perguntas.

A BATALHA DO SÉCULO

DIVERSÃO: ACFV.

IDEIA CENTRAL: um jogo de perseguição com combate em duplas.

COMPETÊNCIAS E VALORES: sorte, agilidade e orientação espaço-temporal.

FAIXA ETÁRIA SUGERIDA: 7 a 12 anos e adolescentes.

PARTICIPAÇÃO: pequenos e grandes grupos.

MATERIAIS: nenhum.

DESENVOLVIMENTO: os jogadores estarão reunidos em roda e com as mãos para o alto unindo com as mãos dos amigos dos lados direito e esquerdo. Após a entoada do educador "Batalha do Século!", os jogadores correrão com a intenção de pegar outro, ou seja, todo mundo pega e todo mundo foge. Quem for pego disputará o tradicional jogo Jokenpô e quem perde sairá do jogo. Vence o jogador que ganhar todas as batalhas.

VARIAÇÃO: cada jogador terá três fitinhas que representarão vidas. Apenas após o terceiro combate perdido ele é eliminado.

A BATATINHA FRITA 1, 2, 3

DIVERSÃO: ACFV.

IDEIA CENTRAL: o grupo não poderá ser descoberto pelo jogador líder.

COMPETÊNCIAS E VALORES: desenvolvimento do controle corporal, atenção e concentração.

FAIXA ETÁRIA SUGERIDA: 3 a 6 anos, e 7 a 12 anos.

PARTICIPAÇÃO: pequenos e grandes grupos.

MATERIAIS: nenhum.

DESENVOLVIMENTO: um participante será considerado o líder e ficará "de costas" para o grupo. Traça-se uma linha e todo grupo se coloca atrás dela. O líder entoará "Batatinha frita 1, 2, 3!" e vira-se rapidamente. Enquanto o líder está de costas dizendo o refrão, o grupo avança sem fazer barulho e deverá parar rapidamente antes que o jogador se vire. Quem for pego andando volta para trás da linha. O vencedor será quem chegar junto do líder sem ser percebido.

VARIAÇÃO: O líder poderá escolher formas diferentes de locomoção como andar, saltitar, imitar um animal, e por aí vai.

PASSA-PASSA

DIVERSÃO: AFV.

IDEIA CENTRAL: um jogo em roda com passagem de objetos.

COMPETÊNCIAS E VALORES: atenção e concentração, lateralidade e noção espaço-temporal.

FAIXA ETÁRIA SUGERIDA: 3 a 6 anos, 7 a 12 anos.

PARTICIPAÇÃO: pequenos e grandes grupos.

MATERIAIS: objetos pequenos para manipulação.

DESENVOLVIMENTO: os jogadores estarão sentados em roda (com as pernas cruzadas e braços abertos sobre os joelhos). Um jogador escolhido deve passar o objeto de sua mão direita para a mão direita do jogador que estiver do seu lado esquerdo, assim sucessivamente até completar a roda e aumentando cada vez mais a velocidade. Quem deixar o objeto cair sairá da roda. Ao sinal do educador as crianças devem trocar a direção para onde estão passando o objeto. A brincadeira permanecerá ativa enquanto houver motivação por parte dos jogadores.

VARIAÇÃO: o objeto de cor vermelha deverá ser pego apenas pela mão esquerda, e o azul pela direita, aumentando assim a dinâmica do jogo.

CONECTADO A VOCÊ

DIVERSÃO: ACFV.

IDEIA CENTRAL: um jogo de equilíbrio de bexigas com o corpo e em equipe.

COMPETÊNCIAS E VALORES: trabalho em equipe, respeito ao próximo e equilíbrio.

FAIXA ETÁRIA SUGERIDA: 7 a 12 anos e adolescentes.

PARTICIPAÇÃO: individual, duplas, pequenos grupos e grandes grupos.

MATERIAIS: bexigas.

DESENVOLVIMENTO: os participantes estarão em roda e receberão uma bexiga. Os jogadores colocarão a bexiga recebida em sua barriga, mantendo-a presa nas costas do participante da frente. O facilitador cantará uma música, como "Escravos de Jó", por exemplo, e os participantes caminharão cantando, sem deixar que a mesma caia no chão.

VARIAÇÃO: mais uma dica: o educador deverá estar atento a atitudes maliciosas neste jogo.

CHICOTINHO QUEIMADO

DIVERSÃO: AFV.

IDEIA CENTRAL: é um jogo de pega-pega em roda.

COMPETÊNCIAS E VALORES: desenvolvimento da agilidade, percepção espacial e autonomia.

FAIXA ETÁRIA SUGERIDA: 3 a 6 anos, e 7 a 12 anos.

PARTICIPAÇÃO: pequenos e grandes grupos.

MATERIAIS: um lenço ou qualquer objeto que possa caber nas mãos.

DESENVOLVIMENTO: as crianças estarão em roda e cantarão a música descrita logo abaixo. Enquanto isso, o jogador que está do lado de fora da roda esconderá, sem que os outros vejam, um objeto atrás de alguém da roda. A pessoa que está com o objeto deverá correr atrás da pessoa que colocou o objeto, e assim formará um pega-pega até que o fugitivo se sente no lugar do pegador. A brincadeira permanecerá em ação até existir motivação.

Roda, roda chicotinho queimado.

É de roda, roda.

Quem olhar para trás.

Leva chicoteado.

VARIAÇÃO: como formação inicial da atividade poderá acontecer em grandes colunas.

QUE MONSTRO TE MORDEU

DIVERSÃO: ACFV.

IDEIA CENTRAL: um jogo de perseguição temático.

COMPETÊNCIAS E VALORES: agilidade, orientação espaço-temporal e integração.

FAIXA ETÁRIA SUGERIDA: 7 a 12 anos.

PARTICIPAÇÃO: grandes grupos.

MATERIAIS: nenhum.

DESENVOLVIMENTO: os jogadores estarão espalhados pelo espaço de jogo. Três participantes serão escolhidos para serem os pegadores (monstros). Os monstros serão categorizados em "monstro da tristeza", "monstro da alegria" e "monstro gigante", e deverão se apresentar quando encostarem nos fugitivos. Quem for pego pelo monstro da tristeza ficará triste (a criança deverá criar esta ação imaginária), o que for pego pelo "da Alegria" deverá correr alegremente pelo espaço de jogo, e pelo "monstro gigante" deverá se deslocar pelo espaço na ponta dos pés. A cada determinado tempo, trocam os pegadores. O jogo permanecerá ativo até quando existir motivação por parte dos jogadores.

VARIAÇÃO: o jogo poderá ter um médico que será aquele que salvará as crianças das tarefas de cada monstro.

"SARDIEN" PEGA-PEGA SARDINHA

DIVERSÃO: ACFV.

IDEIA CENTRAL: é um jogo de esconde-esconde.

COMPETÊNCIAS E VALORES: pensamento estratégico, comunhão e sensibilidade auditiva.

FAIXA ETÁRIA SUGERIDA: 7 a 12 anos.

PARTICIPAÇÃO: pequenos e grandes grupos.

MATERIAIS: nenhum.

DESENVOLVIMENTO: traduzido como "sardinhas", essa brincadeira alemã assemelha-se ao esconde-esconde. Uma criança é escolhida para se esconder, enquanto as demais contam até vinte. Após a contagem, as crianças devem encontrar o jogador escondido. Quando uma das crianças encontrar a que estiver escondida, ela deve também se esconder no mesmo local com aquela agora encontrada. Em algum momento terão de se "apertar" parecendo sardinhas. O jogo termina quando todas as crianças descobrirem o esconderijo.

VARIAÇÃO: em alguns espaços escolhidos para serem o esconderijo é quase impossível caberem todas as crianças, então poderá ser delimitado para as 10 primeiras crianças a se esconderem, sendo essas consideradas vencedoras.

A RAPOSA

DIVERSÃO: ACFV.

IDEIA CENTRAL: um jogo de esconde-esconde com sinal sonoro.

COMPETÊNCIAS E VALORES: percepção auditiva, coletividade e trabalho em equipe.

FAIXA ETÁRIA SUGERIDA: 7 a 12 anos e adolescentes.

PARTICIPAÇÃO: pequenos e grandes grupos.

MATERIAIS: apito.

DESENVOLVIMENTO: A raposa (um jogador) vai procurar no espaço um lugar para se esconder. Entretanto, os restantes jogadores esperam, num lugar demarcado. Quando a raposa já estiver escondida, a mesma apitará três vezes, sendo esse o sinal combinado para que os outros iniciem a busca seguindo o som. Cada vez que decorre um determinado tempo, a raposa apita novamente, voltando a fazê-lo quantas vezes for necessário. Para dificultar a busca, a raposa pode ir-se movendo à medida em que o grupo se aproxima e, no caso de ser descoberta, tentará fugir, correndo. O grupo que apanhar a raposa vencerá o jogo, e assim de forma aleatória uma nova raposa será escolhida para um novo jogo.

VARIAÇÃO: a raposa poderá ter dois mecanismos sonoros, sendo um apito longo que representará que ela mudou de esconderijo, e dois apitos curtos que representam que a raposa está aguardando escondida.

PEGA QUE A BOLA É SUA

DIVERSÃO: ACFV.

IDEIA CENTRAL: é um pega-pega tradicional no qual existirá a bola que será um "pique" interativo.

COMPETÊNCIAS E VALORES: pensamento estratégico, orientação espaço-temporal e coordenação motora geral.

FAIXA ETÁRIA SUGERIDA: 7 a 12 anos e adolescentes.

PARTICIPAÇÃO: pequenos e grandes grupos.

MATERIAIS: bolas.

DESENVOLVIMENTO: as crianças serão divididas em pegadores (2 jogadores) e os demais os fugitivos. Todos os participantes estarão correndo pelo espaço de jogo. Quem estiver com o pombo (representado pela bola) não pode ser pego. Para evitar que um colega seja pego, o jogador que está com a posse da bola deve lançar a bola para ele dizendo "Pegue o pombo". Quem for pego trocará de função com o pegador. E assim o jogo continua enquanto existir motivação por parte dos jogadores.

VARIAÇÃO: muito mais do que uma variação, é uma dica para que, caso o educador perceba que um único jogador está de posse da bola, este deverá permanecer por no máximo 20 segundos com a mesma. Caso não aconteça, esse será o novo pegador.

TÚNEL DO TEMPO

DIVERSÃO: ACFV.

IDEIA CENTRAL: um circuito com atividades motoras.

COMPETÊNCIAS E VALORES: destrezas físicas, paciência e pensamento estratégico.

FAIXA ETÁRIA SUGERIDA: 3 a 6 anos, e 7 a 12 anos.

PARTICIPAÇÃO: duplas, pequenos e grandes grupos.

MATERIAIS: túneis de tecido ou arcos, elásticos, cadeiras e banco sueco.

DESENVOLVIMENTO: as crianças estarão em roda e dispostas cada uma na sua casa (cadeira ou bambolê). O educador deve preparar previamente o local de jogo. A cada dois metros deve colocar um túnel, depois uma sequência de cadeiras com elásticos (onde o jogador deverá passar por debaixo), e por fim o banco sueco no qual passarão por cima rastejando. E assim está feito o túnel do tempo do movimento, da posição em pé ao rastejo. Cada criança deverá passar pelo circuito montado.

VARIAÇÃO: poderá utilizar os mesmos materiais, entretanto com outras necessidades motoras.

MELANCIA

DIVERSÃO: ACFV.

IDEIA CENTRAL: é um jogo de perseguição no qual cada grupo de jogadores terá uma ação específica.

COMPETÊNCIAS E VALORES: agilidade, formas de locomoção e respeito às funções de cada jogador.

FAIXA ETÁRIA SUGERIDA: 3 a 6 anos, e 7 a 12 anos.

PARTICIPAÇÃO: pequenos e grandes grupos.

MATERIAIS: nenhum.

DESENVOLVIMENTO: as crianças serão as "melancias" (posição = ficando agachadas, em posição agrupada – cócoras e com a cabeça baixa) e estarão espalhadas pelo espaço de jogo. Três crianças serão escolhidas para serem os donos da plantação, onde vão ficar cuidando das melancias, e outros cinco jogadores serão os ladrões das melancias. Os ladrões devem, de forma estratégica, se aproximar das melancias, experimentando-as para saber quais estão no ponto de colheita ("batendo" com os dedos na cabeça das crianças-melancias). As melancias escolhidas devem se levantar e de mãos dadas correr até um ponto determinado previamente. Nesse momento os donos reagem e tentam pegar os ladrões. Se eles conseguirem, as melancias devem voltar ao seu lugar inicial, caso contrário a criança-melancia vira o próximo ladrão. Termina o jogo quando todos virarem ladrões.

VARIAÇÃO: na mesma plantação poderão ter outras frutas, e cada uma terá uma forma diferente de locomoção pelo espaço.

CACHORRO E GATO CEGOS

DIVERSÃO: ACFV.

IDEIA CENTRAL: um jogo de pega-pega no qual dois jogadores estarão vendados.

COMPETÊNCIAS E VALORES: respeito ao próximo, sensibilidade auditiva e coragem.

FAIXA ETÁRIA SUGERIDA: 7 a 12 anos e adolescentes.

PARTICIPAÇÃO: pequenos e grandes grupos.

MATERIAIS: vendas para olhos.

DESENVOLVIMENTO: o educador pedirá para que os alunos façam uma grande roda, e nela estarão dois jogadores vendados, sendo o cachorro e o gato. O gato deve fazer o som "miau", e o cachorro tentará pegá-lo. Feito isso os jogadores voltam para o centro da roda e outros jogadores assumirão as devidas funções, reiniciando assim o jogo.

VARIAÇÃO: cada jogador poderá ter um líder-orientador na movimentação, permitindo assim o desenvolvimento da liderança.

BANYOKA

DIVERSÃO: AFV.

IDEIA CENTRAL: é um jogo cooperativo no qual de forma coletiva a equipe deverá se desvencilhar de objetos ao longo do caminho.

COMPETÊNCIAS E VALORES: coletividade e trabalho em equipe.

FAIXA ETÁRIA SUGERIDA: 7 a 12 anos e adolescentes.

PARTICIPAÇÃO: individual, duplas, pequenos grupos e grandes grupos.

MATERIAIS: objetos para serem obstáculos, como papelão e caixas.

DESENVOLVIMENTO: *Banyoka* é um jogo da Zâmbia que é praticado em terrenos acidentados repletos de arbustos e pedras. É necessário um mínimo de 12 jogadores, que se dividem em duas equipes. Os membros de cada equipe se agacham e agarram os ombros dos outros para formar uma "cobra". Eles movem seus corpos para trás e para frente imitando uma cobra rastejando pelo chão, enquanto se desviam de objetos no chão. Vence o jogo a equipe que, sem se separar, chega primeiro ao destino especificado.

VARIAÇÃO: um jogo cooperativo deverá ter atenção sempre do educador a fim de valorizar as ações propostas e essenciais para este tipo de jogo.

4 CANTINHOS

DIVERSÃO: ACFV.

IDEIA CENTRAL: é um pega-pega no qual as equipes estarão no canto da quadra e deverão se deslocar sem serem pegas.

COMPETÊNCIAS E VALORES: agilidade, destrezas físicas e trabalho em equipe.

FAIXA ETÁRIA SUGERIDA: 7 a 12 anos e adolescentes.

PARTICIPAÇÃO: pequenos e grandes grupos.

MATERIAIS: giz ou fita crepe.

DESENVOLVIMENTO: o educador fará 4 cantos nas extremidades do campo de jogo (pátio/quadra) utilizando a fita crepe ou giz. As crianças serão divididas em grupos de mesmo número de participantes e estarão dispostas nos cantos demarcados, exceto uma que será a pegadora. O objetivo dos jogadores que estão nos cantos é trocar de lugar (cantos) sempre no sentido anti-horário sem serem pegos pelo pegador. Caso isso aconteça eles deverão ajudar o pegador nesta função. Vencem o jogo os jogadores que não forem pegos após 5 rodadas.

VARIAÇÃO: as crianças poderão se deslocar para qualquer canto, não somente anti-horário como prevê o jogo original.

SABONETEBOL

DIVERSÃO: ACFV.

IDEIA CENTRAL: é um jogo parecido com o handebol, com a bola sendo um sabonete.

COMPETÊNCIAS E VALORES: desenvolvimento das habilidades manipulativas, pensamento estratégico de defesa e ataque, e tolerância.

FAIXA ETÁRIA SUGERIDA: 7 a 12 anos e adolescentes.

PARTICIPAÇÃO: pequenos e grandes grupos.

MATERIAIS: sabonetes e baldes.

DESENVOLVIMENTO: o educador deve dividir a sala em dois grupos. O espaço de jogo será demarcado com uma linha divisória central. Cada equipe ficará de um lado do campo. Nas extremidades de cada área encontra-se um balde que será o gol para onde os sabonetes devem ser lançados. O gol será protegido por uma área de um metro de distância, não podendo ser invadida pelo jogador da equipe que ataca. O jogo acontecerá parecido com o handebol, sendo que, se uma equipe acertar um sabonete dentro do balde, ela marcará um ponto. Sempre que for marcado um ponto ou o sabonete cair na área onde está o balde, o sabonete passa ser da outra equipe. Ganha a equipe que marcar mais pontos em um tempo determinado preestipulado.

VARIAÇÃO: O jogo poderá acontecer com 4 equipes ao mesmo tempo nas quais cada um terá a sua área de defesa e ataque.

CAIXA MÁGICA

DIVERSÃO: AVF.

IDEIA CENTRAL: os jogadores representarão as imagens retiradas de uma caixa.

COMPETÊNCIAS E VALORES: criatividade, confiança e autoconhecimento.

FAIXA ETÁRIA SUGERIDA: 7 a 12 anos, jovens, adultos e idosos.

PARTICIPAÇÃO: pequeno e grande grupo.

MATERIAIS: caixa e papeletas com as ações.

DESENVOLVIMENTO: os jogadores deverão estar em roda e sentados. Ao som de uma música animada, os participantes passarão uma caixinha e quando a música parar, quem estiver segurando a caixa deverá retirar uma imagem selecionada pelo educador, e assim realizará a ação representativa à imagem, como um som, um movimento e uma mímica.

VARIAÇÃO: o educador deverá propor que o mesmo jogador retire duas ou três imagens para que o mesmo execute uma ação mais complexa.

BEXIGA EXPLOSIVA

DIVERSÃO: ACFV.

IDEIA CENTRAL: um jogo de estafetas realizado em duplas.

COMPETÊNCIAS E VALORES: unidade, comunhão e cooperação.

FAIXA ETÁRIA SUGERIDA: 3 a 6 anos, 7 a 12 anos e adolescentes.

PARTICIPAÇÃO: pequenos e grandes grupos.

MATERIAIS: bexiga com água e um balde.

DESENVOLVIMENTO: em duplas e com os pés e braços "presos" por um elástico, os participantes receberão uma bexiga com água que será encaixada entre os braços dos participantes. Na forma de estafeta, a primeira dupla completa a ida e a volta, e passará a vez para a próxima dupla. E assim sucessivamente até todos completarem o percurso.

VARIAÇÃO: o grupo de alunos será dividido em equipes, e uma jogará contra a outra.

MAMÃE POSSO IR

DIVERSÃO: AFV.

IDEIA CENTRAL: é uma atividade que estimulará as formas de locomoção.

COMPETÊNCIAS E VALORES: desenvolvimento das diversas formas de locomoção.

FAIXA ETÁRIA SUGERIDA: 3 a 6 anos.

PARTICIPAÇÃO: pequenos e grandes grupos.

MATERIAIS: nenhum.

DESENVOLVIMENTO: traçam-se no chão duas linhas, distanciadas mais ou menos oito metros. As crianças ficam atrás de uma das linhas e a mamãe atrás de outra. A brincadeira consiste em avançar em direção à linha em que está a mamãe (jogador líder). Isto é feito por meio das diversas possibilidades de deslocamento, ordenados conforme a vontade da mamãe. Entoa-se:

Mamãe, posso ir?

Pode! – mamãe responde.

Quantos passos?

Dois de formiguinha – diz mamãe.

Então o grupo de crianças vai avançando em direção à mamãe. Aquele jogador que chegar mais próximo do jogador-líder será a nova mamãe. O educador, enfim, deverá criar e estimular os diversos tipos de deslocamento, como por exemplo: formiguinha (colocar o pé unido à frente do outro); elefante (avançar com passos enormes, terminando com um pulo); canguru (movimentar-se, pulando, agachando); cachorro (avançar de quatro pés, isto é, usando os pés e as mãos).

VARIAÇÃO: poderão ter dois jogadores-líderes que deverão entre si combinar as formas de locomoção a serem escolhidas.

BOLA AO CENTRO

DIVERSÃO: ACFV.

IDEIA CENTRAL: um jogo de equipes no qual precisam alcançar, ao lançar a bola, a área central do jogo.

COMPETÊNCIAS E VALORES: habilidades de arremessar, organização coletiva e respeito às funções de cada jogador.

FAIXA ETÁRIA SUGERIDA: 7 a 12 anos e adolescentes.

PARTICIPAÇÃO: pequenos e grandes grupos.

MATERIAIS: oito bolas, sendo quatro de E.V.A. e quatro pequenas "que pingam".

DESENVOLVIMENTO: o educador dividirá a turma em 4 times. O espaço de jogo (quadra) será dividido em quatro espaços iguais e em cada canto será desenhado um quadrado. Cada equipe escolherá um colega que ficará nesse quadrado com a bola pequena na mão. O educador fará um círculo no centro da quadra e deverá posicionar as quatro bolas nele. Ao sinal de partida, cada equipe deverá pegar uma bola e lançá-la para o outro até chegar ao quadrado. Os jogadores podem interceptar a bola quando lançada, nunca quando estiver na mão do colega. Quem conseguir chegar com sua bola até o quadrado, receberá a bola pequena que será lançada até o centro, somente entre os colegas da própria equipe. A bola que for interceptada será devolvida para o jogador que está no quadrado da respectiva equipe. A equipe que conseguir levar a bola pequena primeiro até o centro ganha o jogo.

VARIAÇÃO: cada equipe poderá ter três bolas em seu canto sendo assim uma "vida" para cada bola. Quando as três bolas forem interceptadas e apanhadas pelas equipes adversárias, os jogadores sentarão no chão e somente voltarão quando conquistarem as bolas.

ADIVINHA O QUE É

DIVERSÃO: ACFV.

IDEIA CENTRAL: um jogo de mímicas e adivinhação.

COMPETÊNCIAS E VALORES: representação teatral, construção e laboratório corporal, e ser mímico.

FAIXA ETÁRIA SUGERIDA: 7 a 12 anos e adolescentes.

PARTICIPAÇÃO: pequenos e grandes grupos.

MATERIAIS: lousas pequenas, giz ou folha de sulfite e papel.

DESENVOLVIMENTO: as duas equipes estarão sentadas ou em pé formando uma grande roda. O educador escolherá uma criança que fará um desenho em uma folha ou na lousa, sendo este apresentado a um jogador da outra equipe que deve representá-lo corporalmente. A equipe que adivinhar o que foi desenhado marcará um ponto, e quem alcançar os três primeiros pontos, será declarado vencedor. O educador atuará como mediador essencialmente na clareza do que foi proposto no desenho e cumprimento das regras.

VARIAÇÃO: o jogo poderá acontecer sem a divisão de equipes, com caráter mais lúdico do que competitivo.

QUEIMADA DO TRIPÉ

DIVERSÃO: ACFV.

IDEIA CENTRAL: é um jogo de queimada na qual vence quem derrubar primeiro o tripé da equipe adversária.

COMPETÊNCIAS E VALORES: habilidades manipulativas, agilidade e orientação espaço-temporal.

FAIXA ETÁRIA SUGERIDA: 7 a 12 anos e adolescentes.

PARTICIPAÇÃO: pequenos e grandes grupos.

MATERIAIS: madeira para construir um tripé e bola de E.V.A.

DESENVOLVIMENTO: o educador dividirá o grupo em dois times, sendo que cada um ficará numa metade da quadra. Um jogador de cada equipe iniciará o jogo na área do gol da equipe adversária, que será considerado simbolicamente um "cemitério", como na tradicional queimada. Em cada quadra deve ser montado um tripé que deve ser protegido pelos alunos. O jogo iniciará ao sinal do educador, e o objetivo é derrubar o tripé. As equipes podem defender o tripé, e quem for acertado pela bola irá para o "cemitério". A única maneira de se defender é utilizando as mãos (área fria). Os alunos que estão na área do morto podem "queimar" o adversário. Ganha o jogo a equipe que derrubar o tripé da equipe adversária primeiro.

VARIAÇÃO: o jogo poderá acontecer com mais de uma bola a fim de dinamizar ainda mais a prática.

A BOLA DA PERGUNTA

DIVERSÃO: ACFV.

IDEIA CENTRAL: um jogo de perguntas que acontecerá aleatoriamente por meio do lançamento de uma bola.

COMPETÊNCIAS E VALORES: tolerância, improviso e equilíbrio emocional.

FAIXA ETÁRIA SUGERIDA: 7 a 12 anos e adolescentes.

PARTICIPAÇÃO: pequenos e grandes grupos.

MATERIAIS: caneta pincel, e bola de praia (bola leve).

DESENVOLVIMENTO: o educador pegará a bola e solicitará que os alunos escrevam perguntas (sérias ou divertidas) por toda a sua respectiva face. Os jogadores assim formarão uma grande roda e o educador dará início ao jogo lançando a bola para um dos alunos, que por sua vez receberá a bola respondendo à pergunta que estiver sob o seu polegar direito ou esquerdo. Depois de responder, o mesmo lançará a bola para outro colega. A atividade permanecerá enquanto houver motivação por parte dos jogadores.

VARIAÇÃO: em vez das perguntas, poderá ter números que serão considerados uma tarefa motora a ser contemplada.

QUEM SOU EU?

DIVERSÃO: ACFV.

IDEIA CENTRAL: um jogo de mímicas.

COMPETÊNCIAS E VALORES: assertividade teatral, mímica e improviso.

FAIXA ETÁRIA SUGERIDA: 7 a 12 anos e adolescentes.

PARTICIPAÇÃO: pequenos e grandes grupos.

MATERIAIS: folhas sulfite e canetas.

DESENVOLVIMENTO: os jogadores formarão uma grande roda, e cada um deverá escolher o nome de uma celebridade (artista), personagem de filme ou desenho, ou mesmo pessoas do convívio de todo o grupo, e assim escrever esse nome no papel e fixar nas costas do participante da direita. Nesse momento pede-se que todos os participantes se desloquem pelo espaço, e ao sinal do educador, todos deverão parar. A partir deste momento será escolhido um jogador e assim os demais participantes por meio de mímicas deverão ajudar esse escolhido a descobrir qual é a celebridade fixada em suas costas. O jogo dará sequência até que a grande maioria descubra o seu personagem.

VARIAÇÃO: na folha fixada poderá estar o nome de uma cor, e assim os participantes farão mímicas de ações relacionadas a essa cor.

TEM QUE COMEÇAR COM A LETRA (...)

DIVERSÃO: ACFV.

IDEIA CENTRAL: um jogo de criação de frases.

COMPETÊNCIAS E VALORES: criação de frases, coerência gramatical e estímulo à língua portuguesa.

FAIXA ETÁRIA SUGERIDA: 7 a 12 anos e adolescentes.

PARTICIPAÇÃO: duplas, pequenos e grandes grupos.

MATERIAIS: nenhum.

DESENVOLVIMENTO: os jogadores estarão dispostos em roda. O educador pedirá a todos os participantes que escolham uma letra do alfabeto. Uma criança escolhida aleatoriamente iniciará o jogo, recitando uma frase iniciada com a letra escolhida pela mesma, e sucessivamente. Cada jogador acompanhará a ordem das letras do alfabeto para iniciar a sua respectiva frase. O jogo continua enquanto os alunos tiverem interesse e motivação.

VARIAÇÃO: poderá ter cartões com as letras e cada participante sorteará um cartão para dar início à sua frase.

APAGA A VELA

DIVERSÃO: ACFV.

IDEIA CENTRAL: um jogo tradicional de pega-pega.

COMPETÊNCIAS E VALORES: agilidade, noção espaço-temporal e orientação do corpo no espaço.

FAIXA ETÁRIA SUGERIDA: 7 a 12 anos e adolescentes.

PARTICIPAÇÃO: pequenos e grandes grupos.

MATERIAIS: nenhum.

DESENVOLVIMENTO: quando o jogador declarado pegador encostar no fugitivo, este deverá ficar parado com as mãos dadas acima da cabeça (como se fosse uma vela). Qualquer criança que estiver livre poderá soprar a vela, e este voltará ao jogo normalmente. Depois de um tempo de ação, troca-se o pegador e o jogo continua enquanto houver motivação por parte dos jogadores.

VARIAÇÃO: ao invés de assoprar a vela para libertar o jogador que foi pego, poderá passar por entre as pernas.

APITO OCULTO

DIVERSÃO: ACFV.

IDEIA CENTRAL: uma atividade em roda que estimula a sensibilidade auditiva.

COMPETÊNCIAS E VALORES: sensibilidade auditiva, percepção espacial e concentração.

FAIXA ETÁRIA SUGERIDA: 7 a 12 anos e adolescentes.

PARTICIPAÇÃO: pequenos e grandes grupos.

MATERIAIS: apito e barbante.

DESENVOLVIMENTO: faz-se-á uma grande roda com todos os jogadores. O educador escolherá três jogadores para se ausentarem do mesmo ambiente dos demais, pois não poderão ouvir as explicações do jogo. O educador escolhe um dos jogadores ausentes para voltar ao jogo. Será explicado a ele que há um apito com algum jogador que está na roda, e ele deverá descobrir com quem está. São oportunizadas várias tentativas até que o jogador descubra que, na verdade, o apito está preso no quadril do educador, e este dava as costas para qualquer jogador apitar. Para camuflar, os jogadores da roda permanecem com as mãos na frente da boca, despistando o jogador que estará com a função de descobrir o apito. O jogo finaliza quando todos os jogadores ausentes participarem.

VARIAÇÃO: poderá ter dois jogadores com dois apitos na roda.

VARAL MALUCO

DIVERSÃO: ACFV.

IDEIA CENTRAL: uma gincana realizada com tarefas físicas e intelectuais.

COMPETÊNCIAS E VALORES: tolerância, respeito às tarefas a serem cumpridas e trabalho em equipe.

FAIXA ETÁRIA SUGERIDA: 7 a 12 anos e adolescentes.

PARTICIPAÇÃO: grandes grupos.

MATERIAIS: 10 balões, barbante, folhas de sulfite, caneta, corda, banco sueco, copo descartável, 10 bolas de pingue-pongue, balde, bolas de basquete e futsal, prancheta e bambolês.

DESENVOLVIMENTO: o grupo será dividido em 2 equipes que deverão executar as tarefas escritas nas tirinhas de papel dentro dos balões. Como sugestão, o varal poderá ser montado na trave do gol e terá 5 balões para cada equipe, que deverá estourá-los de acordo com o cumprimento das tarefas. Cada tarefa será executada no espaço de jogo. Alguns exemplos de tarefas a serem cumpridas:

1) toda equipe deve pular corda por 5 vezes;

2) todos os integrantes deverão acertar um arremesso na cesta de basquetebol;

3) colar o copo no banco sueco, e os participantes deverão com o sopro tentar acertar a bolinha no copo;

4) com o auxílio da prancheta ir quicando a bola até chegar no balde;

5) a equipe deverá acertar a bola por dentro do bambolê que estará suspenso na trave de gol.

A equipe que finalizar todas as tarefas propostas com louvor será declarada vencedora.

VARIAÇÃO: toma-se um cuidado na elaboração das tarefas a fim de mesclar atividades físicas/corporais e intelectuais.

MAMA POLENTA

DIVERSÃO: ACFV.

IDEIA CENTRAL: é uma brincadeira tradicional de chamada e comando.

COMPETÊNCIAS E VALORES: agilidade, ritmo e controle motor.

FAIXA ETÁRIA SUGERIDA: 3 a 6 anos.

PARTICIPAÇÃO: pequenos e grandes grupos.

MATERIAIS: nenhum.

DESENVOLVIMENTO: o pegador estará no centro da área do jogo, e os demais ao seu redor. Uma criança do grupo é escolhida para ser a mamãe, e os outros participantes são os filhos. A mamãe faz polenta e deixa esfriar enquanto vai à missa. Enquanto a mãe está rezando, as crianças pegam a chave da mão dela e vão para casa comer polenta. Quando a mãe volta para casa, ela fala:

"Cadê a polenta que estava aqui?"

As crianças respondem – "O gato comeu"

"Cadê o gato?" – pergunta a mãe

"Tá em cima do telhado"

A mãe questiona "Como eu faço pra pegar ele?"

"Pega a escada" – as crianças respondem

A mãe volta a perguntar – "E se eu cair?"

"Bem feito!"

Quando as crianças falam bem-feito-feito, a mamãe sai correndo atrás delas. A primeira criança que for pega vira a mãe polenta e a brincadeira começa outra vez.

VARIAÇÃO: a mamãe poderá ao final da entoada dizer qual a forma de deslocamento de todos os jogadores e a dela também, variando assim o estímulo motor.

DADO COOPERATIVO

DIVERSÃO: ACFV.

IDEIA CENTRAL: um pega-pega com abraços para salvar.

COMPETÊNCIAS E VALORES: cooperação, cumplicidade e comunhão.

FAIXA ETÁRIA SUGERIDA: 3 a 6 anos, e 7 a 12 anos.

PARTICIPAÇÃO: pequenos e grandes grupos.

MATERIAIS: dado de espuma.

DESENVOLVIMENTO: os jogadores estarão espalhados livremente pelo espaço de jogo. O educador escolherá uma criança para ser o pegador inicial, que lançará o dado e o número que cair será equivalente ao número de salvadores no jogo, que serão escolhidos por ele mesmo. Quem for pego, deverá ficar parado de braços abertos, e para ser salvo, basta que um dos salvadores lhe dê um abraço. Depois de certo tempo o educador deve escolher outro aluno para iniciar uma nova rodada.

VARIAÇÃO: para se salvar, além do abraço, os dois jogadores deverão dar uma meia-volta e um saltito.

BINGO HUMANO

DIVERSÃO: ACFV.

IDEIA CENTRAL: um jogo de cartela que se assemelha a um bingo.

COMPETÊNCIAS E VALORES: socialização, integração e apresentação.

FAIXA ETÁRIA SUGERIDA: 7 a 12 anos e adolescentes.

PARTICIPAÇÃO: pequenos e grandes grupos.

MATERIAIS: folhas de sulfite e canetas.

DESENVOLVIMENTO: cada jogador receberá um pedaço de papel em branco e desenhará uma tabela de jogo da velha (nove quadrantes). A cartela deverá ser preenchida com o nome mais o sobrenome (comida, de preferência) dos jogadores, como Marlene Salada. Ao sinal do educador, os jogadores deverão interagir e preencher a cartela com os nomes. Após o término, será iniciado o bingo. Será escolhida uma pessoa para iniciar o bingo, que escolherá um dos nomes que constam em sua cartela, pronunciando-o em voz alta. Por sua vez, este escolherá outra pessoa de sua cartela, e assim sucessivamente. O jogador que preencher primeiro a cartela é considerado o vencedor.

VARIAÇÃO: podem ser utilizados para a composição do sobrenome países, cores ou figuras geométricas.

CAMPO MINADO

DIVERSÃO: ACFV.

IDEIA CENTRAL: o jogador deverá ultrapassar o campo minado.

COMPETÊNCIAS E VALORES: liderança, orientação espacial e confiança.

FAIXA ETÁRIA SUGERIDA: 7 a 12 anos e adolescentes.

PARTICIPAÇÃO: pequenos e grandes grupos.

MATERIAIS: copos plásticos coloridos e vendas para olho.

DESENVOLVIMENTO: o grupo de crianças será dividido em duas equipes, e dispostas cada uma em um lado do campo. O educador espalhará pelo espaço os copos plásticos de forma que o local vire um campo minado. Cada copo representará "uma bomba". Um jogador de cada equipe será vendado e ao sinal atravessará a área de jogo com a orientação dos amigos de sua equipe. Vence a equipe que conseguir ultrapassar o campo sem pisar na bomba. Toda vez que um jogador pisar em uma "bomba" este voltará ao início de jogo, e trocará de função, sendo agora orientador de um colega, que por sua vez irá transpor o campo minado.

VARIAÇÃO: o jogo poderá acontecer em duplas com um jogador vendado e outro sendo o orientador. Vence a equipe que chegar ao final da área de jogo sem encostar nas bombas.

PEGA-PEGA TARTARUGA

DIVERSÃO: ACFV.

IDEIA CENTRAL: um jogo de perseguição no qual o que foi pego se deslocará como uma tartaruga.

COMPETÊNCIAS E VALORES: aceitação às regras, controle corporal e estímulo às diversas formas de locomoção.

FAIXA ETÁRIA SUGERIDA: 3 a 6 anos, 7 a 12 anos e adolescentes.

PARTICIPAÇÃO: pequenos e grandes grupos.

MATERIAIS: nenhum.

DESENVOLVIMENTO: o educador escolherá um jogador para ser o pegador, os demais estarão espalhados de forma aleatória na área de jogo. Ao sinal de início, o pegador correrá para encostar a mão em qualquer jogador fugitivo. Quem for pego ficará na posição de quadrupedia e se movimentará em um ritmo lento como uma "tartaruga". A tartaruga pode utilizar a mão para encostar em outro aluno, caso isso aconteça quem estava na posição de tartaruga levanta trocando de lugar com a nova tartaruga (jogador que foi pego). A atividade permanecerá em ação enquanto houver motivação por parte dos jogadores.

VARIAÇÃO: o jogador que for pego pela segunda vez poderá se deslocar como um felino, ou seja, de forma veloz e ainda em quadrupedia.

A HORA DO *RUSH*

DIVERSÃO: ACFV.

IDEIA CENTRAL: um jogo de orientação espacial por meio de ruas imaginárias.

COMPETÊNCIAS E VALORES: reconhecimento das regras previamente combinadas, atenção e fantasia.

FAIXA ETÁRIA SUGERIDA: 3 a 6 anos, e 7 a 12 anos.

PARTICIPAÇÃO: pequenos e grandes grupos.

MATERIAIS: cordas.

DESENVOLVIMENTO: o educador, com o uso das cordas, criará ruas imaginárias, nas quais as crianças se movimentarão. Quando as crianças ouvirem o som combinado (um apito por exemplo) deverão trocar de lugar saltando para outra rua, tomando cuidado para não "trombar" em outra criança. O jogo continua enquanto houver interesse e motivação por parte dos jogadores.

VARIAÇÃO: o educador estará de posse de três cartões (verde, vermelho e amarelo) e cada um deles levantado, representará uma ação motora a ser realizada pelos jogadores.

NUNCA TRÊS

DIVERSÃO: ACFV.

IDEIA CENTRAL: um jogo de pega-pega com inversão de papéis.

COMPETÊNCIAS E VALORES: cumplicidade, atenção e concentração, e respeito ao próximo.

FAIXA ETÁRIA SUGERIDA: 7 a 12 anos e adolescentes.

PARTICIPAÇÃO: individual, duplas, pequenos grupos e grandes grupos.

MATERIAIS: nenhum.

DESENVOLVIMENTO: para início do jogo será declarado um jogador pegador e outro fugitivo. Os demais jogadores estarão sentados em duplas e espalhados pelo espaço de jogo. Quando o fugitivo não quiser mais correr deverá então sentar ao lado de um jogador das duplas; se ele sentar do lado esquerdo, o jogador do lado direito (e vice-versa) levantará e será o novo pegador. Se o pegador conseguir pegar o fugitivo, invertem-se os papéis. O jogo acontecerá enquanto existir motivação por parte dos jogadores.

VARIAÇÃO: as duplas estarão em pé ao invés de sentados, e o jogo contará com duas duplas de pegadores e fugitivos.

REINO DOS SACIS

DIVERSÃO: ACFV.

IDEIA CENTRAL: é uma atividade de perseguição, na qual os participantes deverão se locomover em um pé só.

COMPETÊNCIAS E VALORES: respeito às regras, consciência corporal e esforço.

FAIXA ETÁRIA SUGERIDA: 3 a 6 anos.

PARTICIPAÇÃO: pequeno e grande grupo.

MATERIAIS: nenhum.

DESENVOLVIMENTO: em um canto do local de jogo, marca-se o "palácio", onde fica um jogador, o "saci-rei". Os demais "sacis" dispersam-se à vontade pela área de jogo. Ao sinal de início, os sacis dirigem-se, pulando num pé só, ao palácio real, para provocar o rei. De repente, este anuncia: "O rei está zangado!", saindo a persegui-los, também aos pulos. Ele mesmo conduz ao palácio o primeiro que pega e o nomeia seu "ajudante".

A brincadeira recomeça, tal como antes, saindo agora os dois, após novo aviso, em perseguição aos demais e assim por diante. O último apanhado será o novo rei, na repetição do jogo. Ninguém pode apoiar os dois pés no chão, sob pena de ser aprisionado, exceto nos seguintes casos: a) quando o jogador estiver dentro do palácio; b) quando o jogador estiver cansado, devendo, porém, ficar parado num mesmo lugar, ocasião em que poderá ser apanhado.

VARIAÇÃO: o jogador aprisionado ficará dentro do palácio, até outro ser preso, só então podendo voltar ao lugar onde estava antes.

JOGO DA CADEIRA VAZIA

DIVERSÃO: ACFV.

IDEIA CENTRAL: um jogo de chamada que acontecerá em roda.

COMPETÊNCIAS E VALORES: concentração e atenção, ritmo e lateralidade.

FAIXA ETÁRIA SUGERIDA: 3 a 6 anos, 7 a 12 anos e adolescentes.

PARTICIPAÇÃO: pequenos e grandes grupos.

MATERIAIS: cadeiras ou bambolês.

DESENVOLVIMENTO: os jogadores estarão em roda e sentados na cadeira ou no bambolê. O educador organizará as casas (cadeiras ou bambolês) a fim de ter uma cadeira a mais relacionado ao número total de participantes. Todos os jogadores receberão um número. A pessoa sentada à esquerda da cadeira vazia inicia, dizendo: "A cadeira da minha direita está vazia para o número tal", e chama por um número que corresponde a uma pessoa presente. A pessoa com o número que acaba de ser chamado levanta-se imediatamente e vai sentar-se na cadeira vazia. Ao levantar-se, a pessoa sentada à sua esquerda continua a brincadeira, dizendo: "A cadeira de minha direita está vazia para o número tal", chamando outro número, podendo ser o número da pessoa que acaba de levantar-se. O animador anotará os nomes das pessoas distraídas ou que interrompem a continuidade da ação. Enquanto houver interesse, prossegue o jogo.

VARIAÇÃO: para ser mais interativo, cada pessoa chamada poderá levantar, dar uma volta em si, um saltinho e dar sequência ao jogo.

PERDIDOS NO ESPAÇO

DIVERSÃO: ACFV.

IDEIA CENTRAL: é um jogo de perseguição temático.

COMPETÊNCIAS E VALORES: estratégia, coordenação motora geral e agilidade.

FAIXA ETÁRIA SUGERIDA: 7 a 12 anos e adolescentes.

PARTICIPAÇÃO: individual, duplas, pequenos grupos e grandes grupos.

MATERIAIS: nenhum.

DESENVOLVIMENTO: o espaço de jogo será dividido em duas metades – Terra e espaço sideral. Trata-se de um jogo de perseguição. O educador descreverá que todas as crianças estão no planeta Terra, e que tem um alienígena que ao tocá-las fará com que as mesmas viajem para o espaço. Uma das crianças será escolhida aleatoriamente para ser o pegador "alienígena", e as demais deverão correr pela área "Terra". Quando o jogador for pego deverá se dirigir ao espaço sideral, onde a gravidade é "zero", e as crianças deverão andar igual aos astronautas. Qualquer jogador que estiver livre pode correr e salvar, trazendo a criança de mão dada para a Terra. O jogo continuará enquanto houver motivação por parte dos jogadores.

VARIAÇÃO: o jogador que for pego duas vezes será mais um alienígena (jogador-pegador).

POSFÁCIO

Ao receber o convite dos autores Tiago Aquino (Paçoca) e Cristiano Santos para posfaciar sua obra, me senti lisonjeado, mas com uma grande responsabilidade. Isso porque estamos falando de sonhos, e um dos grandes sonhos dessas pessoas magníficas é valorizar a cultura das brincadeiras e dos jogos.

Isso foi possível perceber pela forma com a qual a obra é conduzida. Desde as citações históricas sobre como o brincar está arraigado na cultura humana (vindo antes dela), passando pela percepção de crianças acerca do brincar, até a apresentação das atividades, cuidadosamente selecionadas, para que pudessem ser aplicadas no mais amplo espectro de lócus (escolas, clubes, parques) e situações (entre amigos, em família).

Vale ressaltar a mensagem que os autores deixaram no início do texto: não é o intuito desta obra limitar e definir os conceitos de brincadeiras e jogos. Esta seria uma proposta minimalista e reducionista, já que estes conceitos são estudados há tanto tempo, e por fazer parte da cultura do ser humano, sempre haverá mudanças nas perspectivas deles.

Isso pode ser exemplificado quando há uma comparação entre os hábitos de brincar de uma família. A forma como os avós dessa família brincavam era diferente da forma como os pais brincaram, que por sua vez se difere da forma como seus filhos brincam. Já ouviram a frase: "Mas as crianças de hoje não brincam como as crianças de antigamente"? Isso é natural: assim como a cultura é dinâmica, as brincadeiras e os jogos acompanham essa dinâmica, sendo uma das características daquela sociedade.

Uma questão para reflexão poderia ser: será que as crianças de hoje possuem a referência do que era brincar na época de seus antepassados? É muito fácil e cômodo culpar os avanços tecnológicos, o crescimento populacional das cidades, a diminuição e limitação de espaços para brincar, e o aumento da violência para justificar a forma como as crianças e adolescentes brincam hoje. Mas quem se importou em mostrar outras formas de brincar a eles? Isso pode ser feito dentro de casa, juntamente com os pais, em um resgate de brincadeiras tradicionais. Pode ser feito na escola, em projetos interdisciplinares e eventos de integração da família.

Há diferentes formas de incitar e estimular crianças e adolescentes a brincarem e jogarem. Para isso, se torna necessário que o educador (seja ele o pai, o professor ou qualquer outra pessoa responsável pelo processo educativo) tenha conhecimento das características de seu público e seus interesses. Não adianta aplicar um jogo de regras complexas para crianças de 3 anos de idade, pois elas não possuem maturidade suficiente para compreendê-las e aplicá-las.

O conhecimento se torna o grande aliado do educador. Isso fará com que sua atuação se torne diferenciada e transformadora, fazendo a diferença na vida das pessoas que por ele passarem.

Parabéns por esta brilhante obra! E aí, borá brincar?

Prof.-Me. Alipio Rodrigues Pines Junior
Professor universitário – Anhanguera e Membro do
GIEL/USP/CNPq

REFERÊNCIAS

ANGOTTI, M. *O trabalho docente na pré-escola*. São Paulo: Pioneira Thomson Learning, 2003.

ARANTES, A.C. *Mário de Andrade*: o precursor dos parques infantis em São Paulo. São Paulo: Phorte, 2008.

BOMTEMPO, E. Brinquedoteca: espaço de observação da criança e do brinquedo. In: FRIEDMANN, A. et al. *O direito de brincar*: a brinquedoteca. 3. ed. São Paulo: Scritta/Abrinq, 1996, p. 79-86.

BROWN, G. *Jogos cooperativos*: teoria e prática. São Leopoldo: Sinodal, 1994.

CREPALDI, R.; SILVA, T.A.C.; ARAÚJO, C.S.; SILVA, M.H.G.A.C. & PINES JUNIOR, A.R. Dos parques infantis às escolas municipais: uma linha histórica sobre a Educação Infantil na cidade de São Paulo. In: *28º Enarel* – Encontro Nacional de Recreação e Lazer. Natal, 2016.

FARIA, A.L.G. Loris Malaguzzi e os direitos das crianças pequenas. In: FORMOSINHO, J.O.; KISHIMOTO, T.M. & PINAZZA, M.A. (orgs.). *Pedagogia(s) da infância* – Dialogando com o passado, construindo o futuro. Porto Alegre: Artmed, 2007, p. 277-292.

HAETINGER, M.G. *O universo criativo da criança* – A revolução na sala de aula. Rio de Janeiro: Wak, 2013.

HUIZINGA, J. *Homo ludens*: o jogo como elemento da cultura. São Paulo: USP, 1971.

KISHIMOTO, T.M. Bruner e a brincadeira. In: KISHIMOTO, T.M. (org.). *O brincar e suas teorias*. São Paulo: Cengage Learning, 2008, p. 139-153.

KISHIMOTO, T.M. (org.). *O brincar e suas teorias*. São Paulo: Pioneira, 2002.

MACEDO, L.; PETTY, A.L.S. & PASSOS, N.C. *Os jogos e o lúdico na aprendizagem escolar*. Porto Alegre: Artmed, 2005.

MALUF, A.C.M. *Atividades lúdicas para Educação Infantil*. 4. ed. Petrópolis: Vozes, 2014.

PIAGET, J. *A formação do símbolo na criança*: imitação, jogo e sonho, imagem e representação. 3. ed. Rio de Janeiro: LTC, 1971.

SILVA, T.A.C. & GONÇALVES, K.G.F. *Manual de lazer e recreação*: o mundo lúdico ao alcance de todos. São Paulo: Phorte, 2010.

SILVA, T.A.C. & PINES JUNIOR, A.R. *Jogos e brincadeiras*: ações lúdicas nas escolas, ruas, festas, parques e em família. São Paulo: All Print, 2013.

SILVA, T.A.C. & POZZI, M.L.B. *Olhares sobre o corpo* – Vol. 1: Educação física escolar. São Paulo: All Print, 2014.

SOLER, R. Educação Física: uma abordagem cooperativa. Rio de Janeiro: Sprint, 2006.

VENÂNCIO, S. & FREIRE, J.B. *O jogo dentro e fora da escola*. Campinas: Autores Associados, 2005.

Capoeira e psicomotricidade

Brincando e aprendendo a jogar

Jorge Felipe Columá

Simone Freitas Chaves

A partir da institucionalização da capoeira emergiram pesquisas e obras na busca de resultados, de *performances*, de gestos técnicos e de elementos esportivos; foram apresentadas novas teorias sobre sua genealogia, seu percurso histórico e o perfil de seus mais renomados mestres. Esse livro, porém, pretende contribuir para uma abordagem educacional, lúdica e adequada à sua aplicabilidade nas diferentes etapas do desenvolvimento infantil.

A capoeira é um importante instrumento educacional que vem contribuindo para a formação de cidadãos pelo mundo afora. Citada nos Parâmetros Curriculares para o Ensino de Educação Física no Brasil, junto a outras manifestações da cultura corporal de movimentos, ela se faz presente em escolas como disciplina curricular e em aulas de contraturno. Também é comum encontrarmos a capoeira em programas esportivos, projetos sociais e até mesmo no auxílio em terapias holísticas.

Essa obra nasceu da necessidade de caminharmos na direção do ensino da capoeira, com seus pressupostos teórico-pedagógicos e sua dimensão lúdica – sobretudo na aplicação com crianças –, como também pela sua importância e representatividade em todo o mundo. As atividades propostas nesse livro são úteis a capoeiristas, professores de Educação Física e educadores em geral que se apoiam no lúdico, no sensível e no movimento humano para a difusão desta arte brasileira.

Jorge Felipe Columá é mestre de capoeira com pós-doutorado em Artes e doutor em Educação Física e Cultura. É especialista em treinamento desportivo (UGF), coordenador do Centro Interamericano de Artes Marciais (Faetec), coordenador pedagógico (Team Nogueira / Instituto Irmãos Nogueira). Também é docente das disciplinas: Práticas Pedagógicas e Lutas (Unisuam) e professor de Capoeira.

Simone Freitas Chaves é doutora em Educação Física e Cultura (UGF), especialista em Pedagogia da Cooperação e em Psicomotricidade. É docente na Escola de Educação Física (EEFD) na UFRJ.

A educação pode mudar a sociedade?

Michael W. Apple

Apesar das grandes diferenças políticas e ideológicas em relação ao papel da educação na produção da desigualdade, há um elemento comum partilhado tanto por professores quanto por liberais: A educação pode e deve fazer algo pela sociedade, restaurar o que está sendo perdido ou alterar radicalmente o que existe?

A questão foi colocada de forma mais sucinta pelo educador radical George Counts em 1932, quando perguntou: "A escola ousaria construir uma nova ordem social?", desafiando gerações inteiras de educadores a participar, ou, de fato, a liderar a reconstrução da sociedade.

Mais de 70 anos depois, o celebrado educador, autor e ativista Michael Apple revisita os trabalhos icônicos de Counts, compara-os às vozes igualmente poderosas de pessoas minorizadas, e, mais uma vez, faz a pergunta aparentemente simples: se a educação realmente tem o poder de mudar a sociedade.

Michael W. Apple é Professor *John Bascom* de Currículo e Instrução e Estudos de Política Educacional na University of Wisconsin, Madison, EUA.

CULTURAL

Administração
Antropologia
Biografias
Comunicação
Dinâmicas e Jogos
Ecologia e Meio Ambiente
Educação e Pedagogia
Filosofia
História
Letras e Literatura
Obras de referência
Política
Psicologia
Saúde e Nutrição
Serviço Social e Trabalho
Sociologia

CATEQUÉTICO PASTORAL

Catequese
Geral
Crisma
Primeira Eucaristia

Pastoral
Geral
Sacramental
Familiar
Social
Ensino Religioso Escolar

TEOLÓGICO ESPIRITUAL

Biografias
Devocionários
Espiritualidade e Mística
Espiritualidade Mariana
Franciscanismo
Autoconhecimento
Liturgia
Obras de referência
Sagrada Escritura e Livros Apócrifos

Teologia
Bíblica
Histórica
Prática
Sistemática

VOZES NOBILIS

Uma linha editorial especial, com importantes autores, alto valor agregado e qualidade superior.

REVISTAS

Concilium
Estudos Bíblicos
Grande Sinal
REB (Revista Eclesiástica Brasileira)

VOZES DE BOLSO

Obras clássicas de Ciências Humanas em formato de bolso.

PRODUTOS SAZONAIS

Folhinha do Sagrado Coração de Jesus
Calendário de mesa do Sagrado Coração de Jesus
Agenda do Sagrado Coração de Jesus
Almanaque Santo Antônio
Agendinha
Diário Vozes
Meditações para o dia a dia
Encontro diário com Deus
Guia Litúrgico

CADASTRE-SE
www.vozes.com.br

EDITORA VOZES LTDA.
Rua Frei Luís, 100 – Centro – Cep 25689-900 – Petrópolis, RJ
Tel.: (24) 2233-9000 – Fax: (24) 2231-4676 – E-mail: vendas@vozes.com.br

UNIDADES NO BRASIL: Belo Horizonte, MG – Brasília, DF – Campinas, SP – Cuiabá, MT
Curitiba, PR – Fortaleza, CE – Goiânia, GO – Juiz de Fora, MG
Manaus, AM – Petrópolis, RJ – Porto Alegre, RS – Recife, PE – Rio de Janeiro, RJ
Salvador, BA – São Paulo, SP